Carl Hauptmann

Panspiele

Im goldenen Tempel-Buche verzeichnet
Der Antiquar
Frau Nadja Bielew
Fasching

Carl Hauptmann: Panspiele. Im goldenen Tempel-Buche verzeichnet Der Antiquar Frau Nadja Bielew Fasching

Erstdruck: München (Callwey), 1909. Uraufführung der Einakter »Tempelbuch«, »Antiquar« und »Frau Nadja Bielew« am 22.10.1910, Stadttheater, Köln. Uraufführung von »Fasching« im November 1912, Lessing- Gesellschaft, Hamburg, durch Laienspieler.

Neuausgabe mit einer Biographie des Autors
Herausgegeben von Karl-Maria Guth
Berlin 2017

Der Text dieser Ausgabe folgt:
Carl Hauptmann: Panspiele. München: Verlag von Georg D.W. Callwey, 1909.

Die Paginierung obiger Ausgabe wird hier als Marginalie zeilengenau mitgeführt.

Umschlaggestaltung von Thomas Schultz-Overhage

Gesetzt aus der Minion Pro, 11 pt

Verlag: Henricus - Edition Deutsche Klassik GmbH
Mörchinger Str. 33, 14169 Berlin, info@henricus-verlag.de
Druck: Libri Plureos GmbH, Friedensallee 273, 22763 Hamburg

Die Ausgaben der Sammlung Hofenberg basieren auf zuverlässigen Textgrundlagen. Die Seitenkonkordanz zu anerkannten Studienausgaben machen Hofenbergtexte auch in wissenschaftlichem Zusammenhang zitierfähig.

ISBN 978-3-7437-0485-5

Bibliografische Information der Deutschen Nationalbibliothek

Die Deutsche Nationalbibliothek verzeichnet diese Publikation in der Deutschen Nationalbibliografie; detaillierte bibliografische Daten sind im Internet über www.dnb.de abrufbar.

Im goldenen Tempel-Buche verzeichnet

(Nach einer japanischen Skizze)

Dichtung in drei Vorgängen

(Hinter Schleiern zu spielen)

Personen

Der Kaiser.

Giwau, dessen Geliebte.

Tozi, Giwaus Mutter.

Ginyo, Giwaus jüngere Schwester.

Hotoke, eine junge Sängerin.

Diener.

Dienerin.

Die Handlung spielt im kaiserlichen Palast im Lande des Sonnenaufgangs.

Erster Vorgang

Der vordere Raum der Bühne ist rechts und links je durch eine Wand mit Tür, nach der Tiefe durch einen kostbaren, zweiteiligen Vorhang begrenzt. Wenn sich der Vorhang auseinander breitet, sieht man Stufen, die zu einer freien Terrasse mit Säulen und Gewinden führen. Dort oben stehen ein paar vornehme Ruhebetten. Durch die Säulen sieht man in die Gärten des Kaisers, darüber der Abend sich legt. Der Vorhang ist halb geöffnet.

Tozi und Ginyo, Giwaus Mutter und Schwester, kommen von links aus der Tür. Gleich danach erscheint aus der rechten Tür eine Dienerin.

DIE DIENERIN.
    Oh! in der jachen Unrast unsrer Stunden
    ein Weilchen Frieden, Herrin! Deine Tochter
    schmückt sich. Die stille Abendfeier, wo
    der kaiserliche Herr, ganz hingegeben,
    dem Laut aus Giwaus keuschen Lippen lauscht
    und des verzückten Reigens brünstigem Zwange
    nachstarrt, ist nicht mehr weit. Sie summt schon leise
    die Lieder, die der Kaiser gerne hört.

DIE MUTTER.
    Nur sage Giwau, dass die Mutter und
    die Schwester Ginyo zu ihr kam. Sie möchte
    sich ja beeilen, eh die blauen Blüten
    im Tanze vor dem Kaiser niederwirbeln
    aus ihrem vollen Haarkranz. Abendstrahlen
    umfluten schon den Weg. Die Sonne taucht
    in Busch und Wipfel ein mit goldnen Säumen.
    Und Mutterliebe will die Schleierstimme
    der Tochter nicht nur träumen, wirklich trinken,
    wie reichen Seelenlaut im Garten Gottes.

Die Tür zur Rechten hat sich geöffnet, und Giwau ist kindlich bewegt erschienen, in Freude über ein köstliches Perlengeschmeide, das sie im Begriff ist sich umzulegen.

GIWAU.
   Du Mutter! sieh nur, sieh die seidigen Perlen,
   die mir der Kaiser gestern umhing. Oh,
   er liebt mich, Mutter, liebt mich ohne Mass.
   Wie reiner Morgen liebt den weiten, dunklen,
   lautlos erstorbnen See der Traurigkeit,
   darin in goldner Flut die Nacht versinkt.
   Nein, Mutter! Grenzen nicht der Huld und Gnaden
   erkennt er noch. Erhöhen! Nur erhöhen!
   von Tag zu Tage mehr, ganz ungestüm.
   Sein Wink häuft Schätze mir und Euch … und Schönheit,
   so dass ich wirklich wie von Genien
   behütet bin. Und seine dunkle Stimme
   rühmt unablässig mich – nur mich! – nur mich!
   »Du, Giwau«, sagt er – –
DIE MUTTER *zärtlich drohend.*
   Schatz, rühm dich nicht selbst!
   Des Liebeswahnes heisse Worte irren
   und zücken bandenlos, wie helle Blitze
   in Wolken zücken. Und schon ist es Nacht.
   Lass selige Liebesworte nur dein Auge
   sanft hellen, ganz von ferne, wie ein Blick,
   der ungehört vergeht und Lächeln macht.
   Und sprich sie höchstens einmal leis, in Glücke,
   wenn du mit dir allein bist, so nur hin –:
   wenn du, erschauernd von dem jungen Wein,
   das höchste Gut ermessend, noch tief sinnst.
   Doch ja nicht laut der Liebe Stammeln, Kind,
   und nicht vor andern! Ach, die Zeit ist Flucht!
GIWAU.
   Nein, Mutter! nicht doch! – Nein, so flüchtig ist
   die Glut der Liebe meines Kaisers nicht.
   Nein, allzu kleinmütig ist **meine** Seele
   noch nicht geworden. Ach, es ist so süss,
   so Tag um Tag und Jahr um Jahr geborgen
   am selben Baume ruhen, an derselben
   kristallnen Quelle meinen Durst zu stillen.
   Oh Mutter! Huldvolle! nur preise fröhlich

mit mir das junge Licht, das sonnenflutend
mein winziges Leben einhüllt! Rühm mich hoch,
dass meiner Schönheit züchtiger Tulpenbaum
so ewig Gaben vor den Kaiser hinstreut.
Du liebe Schwester Ginyo, Morgenschein
ist nicht so sanft, wie du. Und sanfte Mutter,
du hohe Hüterin! – Dass ihr mir lebt!
Mein Gott! Der Kaiser kommt den Myrtenweg,
im Schatten wandelnd. Der Geliebte kommt!
Ein Sinnen um die Lippen. Und ein wenig
schon Ungeduld. Er kann es nicht erwarten,
mich anzusehen mit den saugenden,
geliebten Blicken. Oh! Zeit, stehe still!
Er kommt verlangend. Roten Blumenkelch
schwenkt er in lässigem Tändelspiele immer
nur auf und nieder mit der schlanken, weissen,
beringten Hand.

Giwau küsst eilig Mutter und Schwester, indem sie sie zur linken Tür geleitet.

Geliebte, nehmt nur mit euch
so viel, als eure Seele fassen mag
vom heiligen Wunder Liebe, das ich lebe.

Mutter und Schwester gehen mit zärtlichen Blicken auf Giwau ab. Giwau ist ganz leicht auf Zehen wieder zur rechten Tür hinübergeschlichen, immer in beglückt lauschender Haltung. Dort steht sie, im Begriff in die Tür zu gehen, gespannt den Kopf leicht nach dem Garten rückgewendet.

DER KAISER *ist vom Garten her auf Terrasse und Stufe erschienen und schlägt achtlos eine Vorhangfalte zurück.*
Nun, Giwau! Seele meiner Seele! – Du! –
So zärtlich aufgereckt! – Der Abend kam.
Die Blüten allenthalben in den Büschen
verschenken Duft, der Sehnsucht weckt. Und drüben,
dort, wo im Teiche sich die weissen Säulen
des Tempels spiegeln, klagen schon die Schwäne,
und ziehen Nebel aufwärts. Und ich komme …

GIWAU.
> Ganz nur von ferne, vielgeliebter Mann!
> der du ja Kaiser bist, mir zu gebieten!
> Doch weil du in dem Reiche meiner Gnade
> ein Nichts dich dünkst, Herr Kaiser! will ich wagen
> zu bitten –: Nur von ferne sollst du jetzt
> in stummer Feier Giwaus Stimme lauschen
> und nicht das Traumbild ihres Liedes stören
> durch Ungestüm! – – Nur später! – später – wenn
> der Mondstrahl lautlos fällt, die bleichen Rosen
> der dunklen Wasser ihren Schoss auftun
> dem mitternächtigen Licht im weiten Raum,
> da wollen wir ins Dämmer-Flüster-Reich
> der seidnen, reichbesternten Wasser gleiten
> und in das Flüsterreich der Liebesschwüre
> weit fortziehn ohne Zeit. – – Nur manchmal noch
> vom Boote wie im Traum die Hand eintauchen,
> die heisse Wange mit der Flut zu kühlen.

DER KAISER *ist lachend, während zwei Diener den Vorhang auseinander gebreitet, zu einem der Ruhebetten hingegangen.*
> Hier sitzt sich's gut. Nun also, Giwau, singe!

GIWAU *die noch zögert.*
> Bist du schon herrisch? Willst du nicht mehr hören,
> was meine Seele dir noch eben sanft
> in Lüfte hingemalt?

DER KAISER *lacht.*
> Ganz nur von ferne.

GIWAU *unterdessen um sie Dienerinnen mit Schleierwerk, Harfe und einem Kranz aus blauen Kelchen erschienen sind, steigt langsam die Stufen empor.*
> Bis – ach! – der Mond im Flutgeriesel auf
> und nieder tanzt mit blanken Silbersternen!
> und du von meinen willenlosen Lippen
> Feuer und Duft und Atem saugst der Liebe.

Sie hat während dieser Worte gedankenlos den Kranz ergriffen und sich ins Haar gedrückt. Der Kaiser ist in ihren Anblick versunken. In diesem Augenblicke hört man von links eine sanfte, aber heitere.

STIMME.
> Nein, nein! lasst mich nur zu ihm, ihm zu tanzen
> und ihm zu singen! denn ich bin Hotoke!
> Hotoke! Ruhm und Preis ist mein! Hotoke!
> Nicht süssere Lieder sang ein Mädchenmund
> jemals in diesem Lande. Also loben
> die Dichter meinen holden Seelenlaut.
> Und meiner Tänze reiche Linienspiele
> malt nicht die Sonne in die klaren Wellen
> des Baches, malen Wolken nicht auf Wiesen,
> wenn schöne Wolkenschattenleiber langsam
> auf Erden hinziehn. – Oh lasst mich zum Kaiser!

Hotoke ist, von Dienern zurückgehalten, hereingestürmt und steht an den Stufen vor dem Kaiser, der sich wie ermannt, fragend Giwau ansieht und dann ein achtlos strenges Gesicht Hotoke zuwendet.

HOTOKE *die ihre lieblichste Miene zeigt, verbeugt sich tief vor dem Kaiser.*
> Oh! – Kaiser! – Ich bin deiner Hoheit Magd!
> Ein lieblich Mädchen bin ich – – bin Hotoke!

DER KAISER *streng.*
> Hotoke? – Wer? – Wer ist denn nur Hotoke?
> Gerühmt im ganzen Land? – Weil ihre Brauen,
> Sammetbändern gleich, die weisse Stirne zieren?
> der Stimme Wohllaut tief und lieblich tönt?
> und weil du deinen jähen, schlanken Leib
> sanft schlingen kannst, wie Ranken um den Stab,
> so um den Harfenklang? Was willst du hier?

HOTOKE.
> **Dir** Lieder singen, Kaiser! – – von den schönsten,
> die je ein Herz ersann! – – Dir tanzen, Kaiser!
> den tiefsten, süssesten, geheimsten Schmerz,
> der je in jungem Leibe Seligkeit
> und Schönheit wurde – Kaiser –.

DER KAISER.
> Nur schweig still! – –
> Du, Giwau – Lieblichste, – du Gläubige!

Du Gnadenspenderin, vergib der Frechen
die sich herzudrängt!

Mit einem harten Blick auf Hotoke.

Fort von hier!

Nun ganz nur Giwau zugewandt.

Oh Giwau!
Du Trank aus eines Alabasterbechers
verborgener Kühle! – ja – wess' Lieder glichen
den deinen? – oder wessen Tänze glichen
dem Wunder deiner keuschen Gliederspiele?

Nun wieder hart und achtlos gegen Hotoke geredet.

Nur fort! – Ich hab nicht Sehnsucht.

Hotoke steht tief beschämt.

GIWAU *sanft zu ihr gewandt.*
Geh, Hotoke!

Während Hotoke scheu und zögernd der Tür zuschreitet, redet Giwau freundlich in sie ein.

Ich will den Herrn sanft machen!

Hotoke ist jetzt scheu verschwunden.

Oh, mein Kaiser!
Sie ist ein heller Vogel, der in Lüften
frei hinzieht, möwengleich – – ein Schwall im Meere,
der sich mit feuchtem Tang und Perlenschaum
bekrönt nur herdrängt ohne Arg. – Geliebter!
Sie dachte nicht, dass Schmach und Rutenstreiche
dort lauern, wo der Kaiser wohnt.

DER KAISER.
Ja, Giwau?
Ich sprach zu hart mit ihr?

GIWAU.
Nein, wirklich hart!
Meinst du, dass sie gescheucht, beschämt, mit Tränen

hinweg sich stähle, wenn du sie gerühmt?
DER KAISER.
Nun! – – nicht gerühmt, nein, nein!
GIWAU.
Ruf sie zurück!

Der Kaiser geht unschlüssig zum Ruhebett zurück. Dann gibt er einen Wink.
Hotoke wird von Dienern wieder hereingeführt. Sie wagt nicht aufzublicken.

EIN DIENER *zu der Zögernden.*
Der Kaiser wünscht, dass du vor ihm erscheinst.
HOTOKE.
Du Gott der Lieder! meine Seele bangt noch,
erzittert noch ohn' Halt. Du musst vergeben,
Du gütige, reine Fraue, wenn mein Lied
ganz eingeschüchtert jetzt und traurig hinströmt.
GIWAU.
Du brauchst nicht furchtsam sein, Hotoke, hörst du!
HOTOKE *spricht psalmodierend.*
Ich war wie Wind,
flüchtig und leicht.
Sonne hat nie
mein Haar gebleicht.
Mondstrahl hat
meine Lippen gekühlt,
der Liebe
blühende Wunde.
Oh, meine traurigste Stunde,
wo mich der Kaiser geschlagen!
Klagen – nur Klagen
entströmen aus meinem Munde.

Sie hat ganz verschämt innegehalten und sagt entschuldigend.

Oh – ich bin noch in Schreck – ich finde nicht
die Worte, die erfreuen.
DER KAISER.
Singe weiter!

HOTOKE *spricht psalmodierend.*
　Ich bin die Nacht,
　traurig und schwer.
　Keine Sterne scheinen.
　Und finster her
　ziehen nur, dunkle Gewande,
　die Wolken über die Lande.
　Kein Mondstrahl mehr
　meine Lippen kühlt.
　Oh! meine traurigste Stunde!
　Ich habe so brennend, so brennend gefühlt
　den Zorn, der mich hart geschlagen.
　Klagen - nur Klagen
　entströmen aus meinem Munde.
DER KAISER *ist ganz in Hotokes Anblick versunken.*

HOTOKE.
　Ich bin eine Löwin,
　schmiegsam und kühn,

　Die es bemerkt hat, beginnt leidenschaftlicher ihren Ton zu heben.

　treibe in Wildnissen,
　wo die dunklen Rätselblumen blühn,
　ruhe in Schattennacht,
　spiele im Sonnenschein,
　rufe und rufe nach Einem! - -
　Mein Herz ist toll,
　ist von der Sehnsucht übervoll! - - -
　Ach, wie ein Rauch in die Lüfte zieht,
　ist meine Blume Sehnsucht verblüht - -

　Sie hat ihrem Vortrag allmählich und besonders zum Schluss freie Tanzbewegungen hinzu gefügt, steht plötzlich still, atmet tief auf und sieht Giwau sieghaft an.

GIWAU *die zu Anfang gelächelt hatte, ist während des Gesanges immer mehr erstarrt, hat in Gedanken den Kranz von ihrem Haar in die Hand genommen und dann achtlos ihrer Hand entgleiten lassen.*
DER KAISER *ist ganz versunken.*

HOTOKE *wendet sich zögernd zum Gehen.*
　　Nein, nein, ich kann nicht weiter – nichts gelingt.
DER KAISER *blickt Hotoke an und jedem ihrer zögernden Schritte nach, sieht scheu zu Giwau hin, deren Blick ganz in die Ferne der Gärten gerichtet ist.*
HOTOKE *ist langsam nach der Tür gegangen.*
DER KAISER *hastig.*
　　Hotoke! – – bleibe! – – bleibe!
HOTOKE *sich sanft, aber überlegen dehnend.*
　　Nein, nein, Herr!
　　Lass mich nur fort von hier! – Denn sieh nur, Giwau,
　　die gütige, schönste Frau ist ganz erstarrt.
DER KAISER *blickt scheu zu Giwau.*
HOTOKE *die einige Schritte vorgetreten war, zögert Schritt um Schritt zurück.*
DER KAISER.
　　Stört Giwau dich, Hotoke?
GIWAU *hat sich zum Gehen erhoben.*
DER KAISER *sanft.*
　　Gehe, Giwau!
HOTOKE.
　　Du brauchst ihr nichts zu sagen. Oh, sie geht.
GIWAU *ist in hoheitsvollem Gange nach rechts verschwunden.*
HOTOKE *steht hoch aufgerichtet und doch scheu.*
DER KAISER *ruft.*
　　Hotoke!

Hotoke sieht jetzt unverwandt, aber innerlich immer noch streng gebunden, den Kaiser an.

Personen

Der Kaiser.

Hotoke.

Giwau.

Eine Kammerfrau.

Ein Diener.

Vier Sklavinnen.

Die Handlung spielt im Palast des Kaisers wie im ersten Vorgang.

Zweiter Vorgang

Der Vorhang zur Linken ist so weit vorgezogen, dass vorn zwischen ihm und der linken Tür ein Raum entsteht, den man von den Ruhebetten auf der Terrasse aus nicht übersieht. Es ist alles noch wie im ersten Vorgang eingerichtet.

Hotoke kommt Schritt um Schritt, lässig, verhärmt, vom Garten, vor sich hintändelnd, bis auf die Terrasse, indes die Kammerfrau zögernd hinter ihr drein geht. In gemessener Distanz von der Kammerfrau zögern vier Sklavinnen hinterdrein, von denen eine einen goldenen Becher, die andere eine Schale mit üppig getürmten Früchten, die dritte ein kostbares, mächtiges Buch mit Edelsteinen und goldenen Schliessen, die vierte ein Kästchen mit Juwelen trägt.

HOTOKE *die jetzt auf der Terrasse steht und unruhig immer wieder nach dem Garten zu ausblickt, redet nebenher unwillig.*
    Nein – bringt mir nichts! – wenn es **ihn** nicht gereut
    um jede Stunde, die er ferne bleibt –
    um jeden Laut der demutvollen Liebe,
    die das verzehrte Herz ihm ewig zollt –
    und nimmer müde wird. – Nur geht – ich lache
    der Sorgfalt seiner Gaben so von ferne,
    wo nur die Sklavin tut, was er nicht tut,
    weil's längst zur Last ihm ist –
DIE KAMMERFRAU.
    Oh, Herrin – nein,
    Nehmt doch ein Stück Melone! – Diese Frucht,
    so kühl und duftig – Herrin, tut es doch!
    tut es dem Kaiser doch zuliebe – hört Ihr!
HOTOKE *hüllt sich, müde und gequält, in die kostbare Brokatdecke und streckt sich achtlos auf das Ruhebett, wobei ihr die Kammerfrau behilflich ist.*
    Warum lässt er mich heut allein? – nun? – sprich!
    Heut – wo es draussen harte Tropfen träufelt
    und über alle Welt die Trauer ausgiesst.
    Noch müder schleicht mein Boot in finstrer Flut
    dahin – ganz unterm Lastenhimmel der Enttäuschung.

    Im Wachtraum meiner Sehnsucht dünkt mir Liebe
    ein Lied des Wahns und nie stillbarer Schmerzen –
    aus eines Kindleins weichem Lippenflaum
    hinausgesungen wie ein Sieggesang,
    der nur die Herzen tört, die er zerbricht.
DIE KAMMERFRAU *hat den goldenen Becher genommen, ihn Hotoke hinzureichen.*
    Nehmt einen Schluck nur aus dem Becher!
HOTOKE *unwillig zu den Sklavinnen gewandt.*
    Fort!
    Ich habe kein Begehr – so höre endlich!
    Und schick sie fort – die Sklavinnen! Ich will es.
    Ich kann das Wispern mit den Muschelketten
    nicht hören – und den Ambraduft nicht leiden
    aus ihrem Haare. – Störe mich nicht weiter
    mit diesen Liebesgaben, die nichts gelten!
DIE KAMMERFRAU.
    Auch nicht die Blätter, die der Kaiser sandte,
    Euch zu erfreuen, wenn Ihr sie beschaut?
    Liebliches Märchenwerk ist drauf gebildet,
    die Schwermut und den Willen zu verscheuchen,
    der Euch gebunden hält. Oh, Eure Seele
    wird wie ein Kindlein werden, lachen wieder, so wie die Lerche lacht.

Hotoke hat ihr einen funklen Zornblick zugeworfen.

DIE KAMMERFRAU *zu den Sklavinnen.*
    Ihr seht es – geht!

Die Sklavinnen gehen durch den Garten zurück und verschwinden.

HOTOKE *den Kopf ganz überrück, die linke Hand unruhig mit den Juwelenketten tändelnd, die um eine neben ihr stehende, hohe, goldene Vase nachlässig herumgeschlungen sind und herabhängen, plaudert hin.*
    Ist es nicht sonderbar, durch alle Zeiten
    ist sie besungen – unsterbliche Liebe!
    Oh Blütenkelch von schwermütigem Duft –
    nicht lange, und du stirbst und hauchst Verwesung!

Sie nimmt einen ausgelassenen, fast drolligen Ton an. Lachend.

    Was tu ich nur, wenn mir's so geht, wie Babbuk?
    dem Buckligen, dem armen Schneiderlein,
    dem Bruder des Barbiers – der ruhlos stichelt
    auf seinem Schneidertisch – und wahrlich arg
    die Finger sich zerstach –

DIE KAMMERFRAU.
    Was war's mit ihm?

HOTOKE.
    Du kennst den Babbuk nicht? – der in der Mühle
    am Fenster drüben nur einmal sie sah,
    die schlimmen Zauber warf – die Müllerin.
    Oh, Gott Gott Gott – der Narr, der schliesslich noch
    als Esel eingespannt ins Rad der Mühle
    bei Nacht das Mühlwerk umschwang – unterdessen
    der Müller Trauben kostete bei ihr –
    bei seiner Müllerin –

DIE KAMMERFRAU.
    So muss es kommen!

HOTOKE.
    Wer sagt mir, dass ich nicht ein Narr wie er?
    der arme Babbuk? – Ja, wer sagt es mir,
    ob ich mich nicht ganz hoffnungslos verzehre
    nach einem Blick, nach einem sanften Laut,
    dass nur der Kaiser einmal leise rufe:
    Hotoke! – und in meine Augen lache.
    Ich habe Zweifel. Zweifel quälen sehr.
    Ich sehe nur zu oft, dass er Geschäfte
    voranstellt aller Sehnsucht – rastlos ist –
    und nur zum Zeitvertreibe flüchtig tut,
    was mir ein Leben gilt – viel mehr als Leben.

DIE KAMMERFRAU.
    Ja, Herrin – das ist alt. Des Mannes Leben
    ist Tun – nur immer Tun. – Sie dünken sich
    in diesem ewigen Tun – und Macht erringen
    und Ehr und Ansehn – dünken sich die Männer
    doch wunder was – und recken ihre Hälse. –

Und viel ist nicht dahinter – glaubt mir's – nirgend.
Ein Mann ist gar nicht wert, dass sich ein Weib
das Herz nach ihm zerreisst, dass sie ihn gar
anbetet, liebt, inbrünstig, demutvoll,
ganz Kind in seinen Armen – er indessen
berechnet und verfügt – will dies und das
besitzen und ergreifen – Sieg gewinnen,
und wenn es gleich um nichts ist – Herr sich fühlen –
es muss ein schön Gefühl sein – bläht die Brust.
HOTOKE.
Ja ja, so ist es, liebe Kammerfrau!
Und dann das Allerschlimmste – die Gelüste!
Kannst du mir sagen, ob den Kaiser nicht
nach Giwau gestern, nach Hotoke heute
gelüstete – und dass er morgen schon
Hotokens Seele gar nicht mehr begreift
und wegwirft wie ein Baum die reife Frucht.
Oh, Kammerfrau – es fliessen meine Tränen.

Sie liegt hingestreckt und hat die Augen geschlossen.

Ich will allein sein. – Nein, nicht weiter reden!
nicht denken – auch nicht träumen will ich mehr –
nur noch das Herz ganz ferne schlagen fühlen.

Sie hat sich plötzlich hastig erhoben.

Nur wenn der Kaiser käme –
DIE KAMMERFRAU.
Ruht nur still!
Ihr wisst, ich wache, Herrin.
HOTOKE *hat sich wieder zurückgestreckt und die Augen neu geschlossen.*
Danke, Liebe!

In diesem Augenblick ist der Kaiser geräuschlos und ungesehen zur linken Tür hereingeschlichen und steht lauschend in der Nische des Vorhangs.

DIE KAMMERFRAU *geht, den Blick sorglich nach Hotoke wendend die Stufen nieder, wo sie den Kaiser erblickt. Sie spricht leise zu ihm.*
Herr, nur erschreckt die Herrin nicht. Sie ruht.

DER KAISER.
> Kam Giwau nicht?

HOTOKE *auf ihrem Ruhebett sich allein glaubend und vor sich hinplaudernd und seufzend.*
> Nein, meine Lieder sind ganz ausgetrunken.
> Der Quell ist leer. – Ich bin jetzt ganz verstummt.
> Heimlich geschüchtert von der kranken Schwermut.
> Ich mag nicht singen – mag auch nicht mehr tanzen!
> Die unschuldvolle Lust ist mir entwichen,
> die ruhig strahlte, wie der Morgenstern.
> Sein Auge ist auch achtlos. Ehedem
> sah mich sein Auge an mit ruhiger Fülle,
> als breitete sich seine tiefste Seele
> um meine Seele wie ein reicher Mantel,
> als wär sein Auge wie ein tiefes Meer
> der Gabe seiner Liebe, die mich hüllte,
> mich trug im Jubel – schwelgend im Umfassen. –
> Nun ist sein Auge flüchtig – irrt leicht ab –
> denkt heimlich dies und das – will freilich scheinen,
> dass seine letzten Gründe mir sich auftun,
> wo im Verborgenen doch ein Rechnen geht
> ob dies und das – und seiner Liebe Mantel
> ganz eingefaltet, wie ein Falterflügel
> in seine Hüllen längst verschlossen ruht.

DER KAISER *gedämpft aber erregt zur Kammerfrau.*
> Bei meiner Kaisermacht! Wo bleibt nur Giwau?

DIE KAMMERFRAU *ganz erstaunt.*
> Wie? – Giwau?

DER KAISER.
> Zweimal hab ich Diener hin-
> gesandt zu Giwau – hab sie heissen kommen,
> Hotokens Grübeleien und Misstrauen ganz
> mit ihrer Lieder Demut zu zerstreuen.
> Wenn Giwau jetzt zum dritten Male wagt,
> sich wegzuwenden – wieder nur die Diener
> umsonst rückkehren – nun, dann mag der Hass,
> der aufbrennt, Giwau treffen!

Die letzten Worte hat er in plötzlichem Überwallen laut gesprochen.

HOTOKE *auf ihrem Ruhebett, wie aus Träumen aufgeschreckt.*
    Kammerfrau!
    Ein trüber Unstern brütet heute. – Giwau!
    Wer schreit den Namen Giwau laut heraus,
    der mich wie keiner schreckt?
DIE KAMMERFRAU *hat sofort eine sorgliche Freundlichkeit angenommen und eilt bis an die Stufen zurück.*
    Geliebte Herrin,
    der Kaiser kommt.
HOTOKE *ist sogleich freudig aufgesprungen.*
    Der Kaiser? – ja? – er kommt?
    Liebt er mich noch? Denkt er noch manchmal mein?
    Bin ich ihm nicht zu freudelos und arm?
    zu matt das Leben in mir? Ist er nicht
    erzürnt, dass meiner Lieder Quell versiegt?
    der süsse Schwung des Tanzes hingeschwunden –? –
    dass ich mich nur wie eine Hündin müssig
    hindehne, träge, wach nicht und nicht schlafend –
    und ohne Grund gequält und ohne Ziel
    erstarrt ausspähend. – Lieber Herr, das Auge,
    das trüb geworden, sieht die Sonne nicht,
    wenn sie auch strahlt.
DER KAISER *ist während dieser Worte langsam und zärtlich die Stufen emporgeschritten.*
    Geliebtes Leben! – Kind!
    Du Seidenweiche! nur was redest du
    im Unmut ewiger Zweifel?
HOTOKE *scheu, ohne ihm entgegen zu gehen.*
    Lieber Herr,
    nur sage mir, warum sprachst du von Giwau?
    warum riefst du nach ihr? Bist du es müde –
    des weissen Leibes? – meiner brünstigen Lippen? –
    des sanften Schmerzes von dem Biss der Zähne?
    Hegst du neu Sehnsucht, wie der Wind hingeht?
DER KAISER *während Hotoke spröde und zögernd rückwärts zum Ruhebett Schritt um Schritt heran tritt.*

    Nein nein, Hotoke! – Warum stehst du scheu
    nur weggewendet? – Warum zweifelsüchtig
    in Ferne bleiben? Stolze, die du bist!
    Nein, Giwau kommt, die reichsten Tongespinste
    und ihrer Tänze Feier still entfalten,
    dass sich der Seele heisses Flammenfeuer,
    aus deinen Augen tief in meine Augen,
    wie Steine blitzend, fängt. Ich gab Befehl …
HOTOKE *ihm ins Wort fallend.*
    Dass Giwau komme – so wie eine Magd,
    die man bestellt, dass sie der Herrin tanze?
    Mir? – Mir? – Hotoken – alle Zukunft hülle,
    dass ich es bin? – dass ich es wieder lebe –
    die einzig Auserkorene meines Kaisers?
    die Königsblume üppiger Tempelgärten?

   Bei diesen Worten ist sie ganz erblasst.

DER KAISER *ängstlich.*
    Geliebtes Kind – was tust du? – Nein, Hotoke!
    Du schreckst mich wirklich. – Wie der Morgenhimmel,
    eh noch das grosse Licht sich angezündet,
    so ätherbleich wirst du – und ohn ein Fünkchen
    von Frührot. – Liebchen – bitte, bleibe still –
    und lege deine lieben, schlanken Füsse
    in meines Kleides Saum! – Wie einst der Heilige
    zwei weiche, weisse Kätzlein zärtlich so
    im Zipfel seines Mantels barg, will ich
    stumm bei dir sitzen – ganz nur deines leisen,
    geliebten Lebens Atem heimlich fühlen.
HOTOKE *wieder mit geschlossenen Augen daliegend, sagt vor sich hin.*
    Nein, nimmer wirst du je um meinetwillen
    so tief erniedern, die du einmal liebtest.

   In die Ruhe, die eingetreten ist, hinein erscheint von links im Schutze des Vorhangs.

GIWAU *von einem Diener begleitet, in Trauergewändern.*
DER DIENER *sehr leise redend.*
    Der Kaiser gab Befehl – er hiess Euch bitten …

GIWAU *steht von dem Eindruck der alten Umgebung erschüttert. Sie spricht wie eine Statue tonlos für sich hin.*
    Es gibt nicht viel der Orte – wenn wir sie
    erblicken, da versteint das arme Herz
    noch vollends – und das bisschen Leben stockt
    vom kalten Wehen der Erinnerung,
    die auferweckt ist und leibhaftig ist. –
    Erinnerung, die kaum ein Traum nur, ferne
    sonst manchmal zärtlich rief – die nicht mehr, ist.
    An diesen Orten dünkt's mich all zu kalt,
    als wachte eins in Gräbern auf. – Ach Gott!
    wo muss ich wandeln? – wo nur steh ich hier?
    Vom Tode aufgeweckt der Liebe Klang,
    dass er sich still erhebe! – Nein – ach nein!
    Lasst mich nur wieder fort von hier! Ich fleh Euch!

DER DIENER.
    Ihr wisst es, wenn des Kaisers Hass aufloht,
    wird er nicht Euch allein, auch Eure Mutter,
    auch Eure Schwester wird er töten heissen.

GIWAU.
    Huh! – ja – ich weiss. – Ach Gott, es schadet nicht.
    Mein Herz ist eine kühle Marmorschale,
    die einsam auf dem Teiche ragt. Oh glaube,
    der blauen Wunderblüte reinster Kelch
    ist längst verblüht. – Die Seligkeit der Liebe
    ist hingeschwunden. – Einmal liebte ich. –
    Und einmal musste meine Seele sterben.
    Jetzt fürcht ich keinen Tod …

Sie ist in diesem Augenblicke sanft vor die Stufen getreten.

HOTOKE *hat Giwau sofort mit funkelndem Blick gesehen. Sie schmiegt sich an den Kaiser.*
    Hilf! – rasch bedecke
    mich mit dem Schleier! –

Der Kaiser ist selbst über Giwaus plötzliches Erscheinen betroffen. Er hält Hotoke sanft zurück, während er den Blick auf Giwau richtet. Hotoke klammert sich ängstlich an den Kaiser.

Der Diener macht vor den Stufen eine demütige Geberde der Einführung, während Giwau sanft heran schreitet.

GIWAU.
    Herrin – ach – nicht Furcht!
    Der Becher Leides ist ganz ausgeweint –
    und alle meine Tränen ausgetrocknet.
    Ich will dir gerne singen, was du willst,
    von fremdem Glücke – von den Heimlichkeiten
    des Herzens – von der Seele Meereswogen,
    wenn sie hinrauscht, die volle, goldne Flut
    im Sonnenglanz. – Jetzt ist's ein fernes Wähnen. –
    Jetzt ist es nicht mehr mein – und das ist gut.
    Mein Herz ist jetzt ganz still. Mein Herz ist Stein.

Sie beginnt ein paar Akkorde auf der Lyra und spricht dumpf psalmodierend und starr.

    Du trägst einen Ring von Golde schwer,
    die süsse Liebe, die unbetrübt.
    Hüte den Ring vor den Tiefen im Meer –
    Vereinsamt blutet das Herz, das liebt.

Sie spricht die folgende Zeile ganz demütig entschuldigend zu Hotoke und dem Kaiser hin.

    Mein Herz wurd zu Stein.

Dann spricht sie weiter dumpf psalmodierend.

    Einmal an Glanze Hotoken gleich,
    bleichte mein Stern. – Tief Nacht es scheint.
    Hüte dich vor, den schmerzenreichen
    Tränen, die Giwau der Liebe geweint!

Hotoke hat sich immer leidenschaftlicher aufgereckt und vom Kaiser gehalten, immer erstarrter dem Gesange Giwaus gelauscht.

Personen

Giwau.

Tozi.

Ginyo.

Hotoke.

Die Handlung spielt in einer einsamen Gebirgsgegend bei einbrechender Nacht.

Dritter Vorgang

In der Ferne hohe Schneegebirge. Es ist in einem tieferen Waldtal eine Lichtung. Felsen zur Rechten. Eine Felsschlucht tiefer links. Darunter steht eine Hütte aus Astwerk, umblüht von Schlinggewächsen. Ein paar hohe Bäume vereinzelt vorn.

Auf einem Stein vor einem Loderfeuer, sich Kerne röstend, sitzt Ginyo im grauen Kleide der Siedlerinnen. Tozi, die Mutter, ebenfalls als Siedlerin gekleidet, sitzt auf einem Baumstumpf vor der Hütte, ein altes Pergamentbuch auf den Knieen aufgeschlagen.

GINYO.
    Es wird jetzt kühl. – Die blauen Fröschlein preisen
    in Blumenkelchen ihren Abend … Und
    das Rauschen aus der Schlucht steigt voller auf …
    Und Bienen ziehn mit sanftem Summen heimwärts …
TOZI *versunken.*
    Nur lausche, Kind, dem Frieden!

Es bleibt eine Weile tiefe Stille, während sich Ginyo am Feuer betätigt.

GINYO.
    Oh mein Gott!
    Warum der Mensch wohl Bild an Bild erschaut,
    und wie Verkündetes im Auge ansieht,
    wenn er so für sich sinnt? … Erklär, mir's, Mutter!
TOZI *aus ihrem Buche aufblickend.*
    Wachend und schlafend, immer schafft die Seele
    am Wunderwerk der Sehnsucht. Wesenlos
    und unberührt sind ihre Traumgesichte,
    gewirkt aus Leid und Leben, wie aus Licht.
GINYO.
    Wahnspielen gleich – ein Nichts …
TOZI *ins Lesen vertieft, nebenbei.*
    Und doch die Macht,
    die dir die Welt und dich der Welt verbindet.
    Ein heiliger Bund webt so von Seele hin
    zu Wesen, dass sie fest einander halten …

trotz Bangigkeit … Und nicht ein Stein – ein Blatt
ist aus der Einigkeit je ausgestossen.
Was fällt, das klammert sich im Fallen gleich
an irgend etwas, das im Wege liegt.

Es bleibt wieder eine Weile tiefe Stille unter den Frauen.

GINYO.
   Wo bleibt nur Giwau, Mutter?
TOZI.
   Kind, du weisst,
   sie braucht die Menschen nicht mehr … geht für sich.
   Sie wird schon wiederkehren … eh die Nacht
   im Wald die Stimmen weckt, die einsam rufen.

Es ist wieder eine tiefe Stille eingetreten.

GINYO.
   Oh, Mutter, Leid kam viel. Das Leid hat Giwau
   mit harter Krallenhand berührt … so hart,
   dass fast ihr Leben hinschwand … als sie dort,
   vom Kaiser vor Hotoken hingezwungen,
   ihr Selbst vollends zerbrach … nicht, liebe Mutter?
TOZI *antwortet nicht.*
GINYO.
   Nein nein, es macht nur Müh, die Bitternisse
   noch alle zu erinnern … Gütiger Himmel!
   'ne Dienerin sein, dort wo man Herrin hiess,
   und heiter sein, um Schwermut zu verscheuchen
   der, die das Herz uns brach! … Du heilige Göttin,
   vergib Hotoken und vergib dem Kaiser
   für solchen argen Frevel!
TOZI *ist stumm ins Lesen vertieft, achtet gar nicht.*
GINYO.
   Mutter, sieh ..!
   Ich schütte auch der Göttin jetzt ein paar
   Röstbohnen aus … wo doch der Abend kommt.
   Sie hat das gern. Es ist ihr wohlgefällig,
   wenn wir ihr opfern, was uns Leben ist –:
   Speise und Trank … und manches …

TOZI.
    Tu es, Kind!
GINYO.
    Und Giwau bringt ihr wieder Blumen ... Blumen!
TOZI.
    Ja, ganz gewiss bringt Giwau wieder Blumen!

   Es bleibt wieder eine Weile tiefe Stille.

GINYO.
    Weisst du es noch?
TOZI.
    Was soll ich wissen, Kind?
GINYO.
    Den Tag, wo die Erlösung kam?
TOZI.
    O Preis!
    Den Tag vergisst kein Mutterherz.
GINYO.
    Da war's –: –
    Wie ganz versiegt der Seele Brunnen schien,
    ganz liebeleer, ganz ausgeschöpft vom Kummer,
    ganz nur ein Bett aus Stein, eiskalt geworden,
    und Giwau dachte, dass sie keines Dinges
    sich mehr erfreute in der Welt der Trübsal ...
    da war's, dass einer Amsel Laut so brünstig
    und sanft aus Wipfeln niederträufelte ...
    ein Lied, vom schwarzen Vogel unermüdlich
    tiefer Vereinsamung zum Trost gesungen: –
    bis sie es hörte –: – unermüdlich klang es –: –
    bis sie es voll gewahrte ... zärtlich lachte ...
    sehr sanft für sich nur ... wie zum ersten Male ...
TOZI.
    Und so ihr Herz auf einmal ganz gesundet ...
GINYO *heiter.*
    Ein neues Herz ward ... Herze ohn Erinnern ...
    das unbegreiflich selig hinlebt.
TOZI.
    Oh,

dem Himmelsvater Preis und Dank für Giwaus
neu-fröhliches Aufblühn aus dem bittren Tode.
GINYO.
Nun ist sie frei … der Lüfte Waldgespielin …
mit Kranze schmückt sie sich … ihr Haar weht hin …
sie kommt mit Blumen an den Bach … und wirft
verträumt in Wassersturz und eilige Schäume
Blüte um Blüte, dass sie ewig kreisen …
Und lächelnd kniet sie vor dem Waldtier … kichernd
lockt sie den Häher aus den Zweigen nieder
ins Waldgras … und ihr leises Stimmlein ist,
als hätte Wind ganz weit, weit hergeweht
ein seliges Lied aus himmelblauer Ferne.

Giwau in ärmlichem Gewande, einen Kranz im verwehten Haar, Kränze und Blumen über Armen und im Schoss des Kleides, kommt unter den Worten der Mutter achtlos heran, ganz mit sich beschäftigt, auf halbem Wege zurücklauschend und dann, wie irgend etwas Entferntem kindlich zulachend.

TOZI *die ihr Buch in die Hütte getragen, geht Giwau einige Schritte entgegen.*
Nun? … heilige Einsame … bring nur die Kränze …
und leg sie Ginyo und auch dir zu Häupten
auf deine Lagerstatt! … Geliebtes Kind,
bist du nicht endlich müde?
GIWAU *schüttelt den Kopf.*
TOZI.
Gar nicht müde?
und hast doch Hand und Fuss mit Dorn geritzt?
Oh, was für Wunderblumen du nur findest
in unsern Schluchten! Solche sah ich nie,
wie hier in diesem Kranze! … Möchtest du nicht
den schönsten unserm Himmelsvater weihen,
der jetzt sein Auge zuschliesst … und doch wacht …
ein ewiger Täter und ein ewiger Schläfer …
des Milde wir vertrauen, wenn wir jetzt
neu in die Nacht einsinken … wie der Keim
der in der Erde stumm zum Frühling hinschläft …

Denn immer ist aus jedem Schlafe noch
das selige Schauen neu erwacht. – Kommt, Kinder!
wie alle Dinge sich die Hände reichen,
so tun auch wir es, unsern Gott zu preisen.

DIE DREI FRAUEN *haben sich an der Hand ergriffen und singen in kindlichem Dreiklang, mit aufgerichteten Blicken.*
Abend, der selige Abend kam,
hinschwebend mit Flügeln über die Flur.
Die Blumen neigen sich nieder –.
Die Wasser steigen in Schleiern empor
und hüllen die strahlende Weite,
und hüllen das strahlende, goldene Tor.
Abend, du selige fromme Stunde!
Abend, dich preisen wir!
Abend, dich preisen mit frommem Munde
deine seligen Bräute.

Nach dem Gesange gehen alle Drei hintereinander in die kleine Hütte und schliessen die Tür hinter sich.
Es ist bald tiefe Ruhe eingetreten. Sterne beginnen am Himmel zu blinken. Die Nacht ist ganz hell. Von rechts erscheint, müde mit einem Wanderstecken tastend, eine zarte Frau in Bettlerkleidern.

DIE BETTLERIN.
Hier ist ein Quell. Hier will ich trinken … Durst
hat mich den weiten Weg gequält … Gott! Gott!
Der Frieden dieser Nacht ist grenzenlos.
Hier will ich mir zum Lager Blätter, sammeln
und schichten … Da … ist eine Siedelei!
Dort ist die Hütte … Doch die Siedelei
ist ganz verschlafen … Lied nicht, fröhliches Lachen
noch Flüsterlaut der Beterin ist hörbar.
Die Heilige, die das Volk weit preist, schläft still
auf ihrer Matte hingestreckt. – O Gott!
Nun seh ich einmal alle Sterne scheinen
und möchte nicht zurück ins Sorgenland.
Wie still der Wald rauscht! – Ob ich hier wohl klopfe?

Sie hat an der Hütte angeklopft und lauscht eine Weile.

> Es bleibt ganz still. Und nur ein Dämmerfalter
> surrt durch die Nacht gespensterhaft. – Nun gut!

49 *Sie hat sich auf einem der Baumstümpfe vorn rechts niedergelassen.*

> Wie ferne Ahnung kommt es .... Das Erinnern
> wacht wie ein Schemen auf, als hörte ich
> verklungene Worte neu verwehn ... Ich bin
> geflohen von der ersten Frühe, eh
> die Diener wachten, bis in Nacht ... bin müde ...
> bin matt geworden ... will die Augen zutun
> unter den hellen Sternen ... Nein, mir bangt nicht.

Während ihrer Worte, die sie sinnend vor sich hinspricht ist Giwau völlig lautlos lauschend aus der Hütte getreten und nähert sich Schritt um Schritt ungesehen der im Selbstgespräch gebundenen Bettlerin.

DIE BETTLERIN.
> Und doch flieht mich der Schlaf noch. – Allzu seltsam
> erscheint der eigene Herzschlag ... allzu flüchtig,
> der sich von allen Wünschen schied ... O Gott!
> Nicht kenntlich bin ich mehr. Mein Kleid von Seide
> ist abgetan. Ich floh. Die Seele sehnte
> sich nach der Dauer ... nach dem Festgefügten ...
> **einmal** für ewig ... sehnte sich nach dem,

50
> was unverbrüchlich Ankergrund und Halt.
> Und meine Seele sehnte sich und ward
> immer geängstigt von der Flucht der Dinge,
> als hörte sie den Erdball rastlos kreisen.
> Und ewig quälte mich und drohte immer
> der Liebe letzte Qual ... ihr Tod. So floh ich ...
> floh ohne Ziel ... floh hungrig nach dem Frieden ...
> so wie der Wasservogel sich aus Dunkel
> der Nacht erhebt, dem Schein des Leuchtturms zudrängt.
> Niemand, auch der Geliebte konnte nicht
> die Qual bemeistern, die im Herzen wuchs ...
> was sie auch taten, mich zurückzuhalten
> von jenem Wege, der nicht wiederkehrt!

Ginyo war während dieser Worte hinter Tozi aus der Hütte getreten. Beide Frauen stehen von ferne.

DIE BETTLERIN.
    Nun bin ich unter Sternen, einsam ... neu
    in mich zurück geborgen alle Triebe
    und atme Frieden ... Oh, wer weint? Mich dünkt,
    ich kenn den süssen Laut der Tränen! –

Sie erhebt sich plötzlich und sieht Giwau. Beide erkennen einander.

HOTOKE.
    Ach! –

Sie geht demütig zu Giwau.

    Unwürdig ganz, ich habe keinen Namen.
    Wer, weiss noch, wer er ist? des Wünsche starben.
    Ganz ferne rauscht das wilde, tiefe Meer
    der Sehnsucht, wie ein niebegriffnes Lied.
    Ich bin der Flucht der Dinge allzu müd ...
    und komme Frieden suchen zu dir her.

Sie ist vor Giwau niedergesunken, und Giwau nimmt ihren Kopf lächelnd schluchzend an ihre Brust.

Der Antiquar

Komödie in einem Akt

Personen

Der alte Nelken, Antiquar.

Sarah Nelken, dessen junge Frau.

Samuel, der Commis.

Ein Schüler, etwa sechzehnjährig.

Das Ereignis spielt in einer grossen Stadt im Osten.

[Stücktext]

Eine kleine Wohnstube mit alten seltsamen Möbeln. Dahinter eine Trödlerstube, wo Altertümer, tausenderlei Kram und Möbel, Vasen, kostbare Standuhren durcheinander stehen und liegen. Ausser Tisch und Sofa und einigen Stühlen steht ein mächtiger Geldschrank links an der Tiefenwand, neben dem Eingang in das Magazin. Die Tür in der rechten Wand führt auf den Hausflur. Die Tür in der linken Wand führt in die weitere Behausung.

Samuel der Commis, ein junger Mann im Beginn der Zwanzig, steht bei schwacher Lampenbeleuchtung an einem Pulte im Magazin und schreibt in ein Handelsbuch.

FRAU NELKEN *eine liebliche, junge, jüdische Frau, in einem Kostüm wie eine Orientalin, kostbar seidig, mit allerlei Schmuck an Kopf, Ohr und Halse und an den nackten Fussgelenken, guckt aus der linken Tür und ruft ins Magazin hinüber.* Du … Samuel … Du … Samuel!
SAMUEL *sehr beschäftigt.* Was is' denn … Gleich … Ich komme gleich … Ich muss erst zusammenrechnen, ehe der Herr heimkommt … Wer weiss, ob er nicht doch einmal überraschend kommt?
FRAU NELKEN *ungeduldig drollig.* Samuel … rasch, rasch, Samuel!
SAMUEL *immer noch eifrig beschäftigt.* Ach, du Gerechter … hundertfünfzehn … hundertsiebenundzwanzig … dreihunderteinundachtzig … gut … das ist ein Geschäft … Mit dem alten Möbelkrame aus dem herrschaftlichen Schlosse hat Herr Nelken weiss Gott doch noch seine dreihundert Perzent herausgeschlagen …
FRAU NELKEN *plötzlich hastig und ungeduldig wie ein Kind.* Du … Samuel … rechne nicht! … er wird nicht kommen … oh … wo wird er denn schon heimkommen vor Ladenschluss … du sollst mich ansehn …
SAMUEL *erscheint mit der Feder in der Hand.* Oh, du Gerechter! … Was ich nur sehen muss …

Er legt die Feder auf den Tisch.

FRAU NELKEN *sich selbst von oben bis unten betrachtend.* Da … die Kette … und die Spangen mit dem Stein … und diese Perle … und diese Perle … alles hat er in Schüben und Kisten … verschliesst es

... verbirgt es ... lässt es nie im Licht funkeln ... gefall ich dir so, Samuel? ... nie hat er mir eine Perle geschenkt! ... küsse gleich die Stelle auf der Stirn ... die Perle macht so kühl ... ich fühle sie den ganzen Tag und die ganze Nacht an meiner Stirn ... küsse die Stelle gleich noch einmal ... Du, es geht jemand auf der Treppe ... nein nein, Er kommt nicht heim vor Ladenschluss ... sieh mich nur an, Liebchen ... von oben bis unten ... ich habe die Schlüssel ... ich weiss zu öffnen ... für dich habe ich mich heimlich geschmückt ... und lege dann alle Kostbarkeiten bald wieder richtig an Ort und Stelle ... nein, nahe kommen darfst du mir nicht ... drücken darfst du mich gar nicht ... bleibe fern ... nur ansehn darfst du mich ... nur anstaunen darfst du mich, wie ich schön bin ... nicht, Samuel? ... schöner als Achsa, die Moses Hände küsste, als er uralt war ... und Josuas Tochter war wahrhaftig ein herrliches, keusches Mädchen ... war voll Wonne ... voll Zärtlichkeit ... glitt nieder von dem Esel, wie wenn Ohnmacht in ihrem schlanken Leibe verzitterte ... spielte die Halbtote aus Sehnsucht und aus Liebe zu dem Einen.

In diesem Augenblicke hat es rechts schüchtern geklopft.

FRAU NELKEN *ist ängstlich zur linken Tür zurückgeeilt, steht und lauscht.* Ah ... still ... Du ... Samuel ... es klopft! Es kommt noch jemand fragen oder heimlich was verkaufen.

Sie ist ebenso rasch plötzlich in die linke Tür verschwunden.

SAMUEL *schliesst die rechte Tür auf und öffnet sie.* Was ist? ... Was wünschen Sie, junger Mann? ... Gott, was wollen Sie denn mit dem Haufen Bücher?

EIN SCHÜLER *steht vor der Tür.* Ach .... entschuldigen Sie nur ... brauchte notwendig etwas ... das sind sehr wertvolle Bücher ... ich gebe sie durchaus nicht gern ... nur eben, weil ich notwendig etwas brauche ... und, Herr Nelken ...

SAMUEL. Zeigen Sie mal her ... Gott der Gerechte ... warum kommen Sie hierher in die Wohnung? ... warum gehen Sie nicht zu ihm in den Laden?

DER SCHÜLER. Herr Nelken hat mir gestern unten im Geschäft ausdrücklich gesagt, ich sollte um dreiviertel Sechs an seiner Wohnung sein.

FRAU NELKEN *hat ganz leise die linke Tür wieder geöffnet und steht horchend dahinter.*
SAMUEL. Frau Nelken ... erklären Sie es ihm ... sprechen Sie zu ihm ...
FRAU NELKEN *hinter der einen Spalt offenen Tür, sodass sie der Schüler nicht sehen kann.* Bei Gott ... er wird kommen, eher als uns lieb ist ...
DER SCHÜLER. Könnte ich nicht warten hier?
FRAU NELKEN *immer noch hinter der Tür.* Ja ja ja ja ... warten ... Sie könnten schon warten! ... Samuel ... auf der Treppe soll er warten ... unten vor der Haustür soll er warten ... wenn Sie durchaus brauchen und durchaus warten wollen ... nicht, Samuel? ... Der Herr Nelken wird kommen ... und wenn er Eisenstäbe durchbrechen müsste, um zu kommen ... er wird kommen ... wenn er den Atem, verlöre, und das Herz ihm stille stünde ... er wird kommen! ... nicht, Samuel? ... sage es doch dem jungen Herrn, dass er sich zufrieden gibt!

Sie steckt ihren Kopf neugierig durch den Türspalt heraus.

SAMUEL. Nun haben Sie es wohl gehört, junger Mann!
DER SCHÜLER *der jetzt Frau Nelken gesehen hat, zögernd.* Auf der Treppe? ... könnte ich nicht hier ...?
FRAU NELKEN *sehr belustigt den Kopf aus der Tür steckend.* Nein, nein, nein, nein ... Herrn Nelkens Misstrauen duldet hier niemand ... Er würde gleich mürrisch gegen Sie losfahren, wenn er, Sie hier in der Stube träfe ... und da drinnen, wo der Gehilfe arbeitet, ist überhaupt gar kein Platz zum Stehen vor den tausend Dingen ... nein nein ... hier gar nicht! ... Herr Nelken würde Sie nur von oben bis unten ansehn ... gar nicht sprechen, Sie nur ansehn mit seinem bösen Blick, wenn er Sie hier allein in der Stube fände ... und wenn ich bei so einem jungen Herrn sässe ... bei Gott! ... Nicht, Samuel?
DER SCHÜLER *geht unschlüssig, mit neugierigem Blick immer wieder nach Frau Nelken, langsam bis zur Tür.*
SAMUEL *indem er ebenso langsam rückwärts zu seinem Schreibpult zurücktritt.* Warten Sie vor der Haustür.
FRAU NELKEN. Herr Nelken kommt gewiss, lieber, junger Herr.

Der Schüler hat zögernd die Türe rechts hinter sich zugemacht.

Samuel kommt geschäftsmässig noch einmal herein, schliesst den Schlüssel und geht wieder an seine Arbeit zurück.

FRAU NELKEN *die hinter der halboffenen Tür steht und wartet. Nach einer Weile.* Samuel!

SAMUEL *eifrig beschäftigt.* Gleich ... ich komme gleich ... ich muss erst zusammenrechnen ...

FRAU NELKEN *übermütig lachend.* Und wenn er Eisenstäbe durchbrechen müsste, um zu kommen ... er wird kommen ... und wenn er Atem und Herzschlag verlöre ... seine Brunst ist heiss ... er wird kommen ... huh, Geliebter!

SAMUEL *wie vorher.* Ich muss die Sache hier schnell noch zu Ende bringen, damit er sieht, dass was getan ist.

FRAU NELKEN *kommt jetzt ins Zimmer herein, plötzlich ganz achtlos und in Gedanken versunken, lehnt sich über den Tisch und spricht zu Samuel hinein.* Und er wird kommen ... immer geängstigt ... immer gehetzt ... er besitzt alles ... er möchte alles verbergen ... er möchte alles nur für sich fühlen ... er leidet ewig heimliche Pein, weil er nicht alles in seinen Sacktaschen unterbringt ... und er lacht ... weisst du, wie er lacht, Samuel? ... wie ein Bock meckert, so lacht er ... huh, Samuel! ... nein, nein, nein, nein ... aus Furcht lache ich immer ... nur aus Entsetzen lache ich, wenn seine eisige Unbarmherzigkeit aus seinem Blicke aufwacht ... aus tödlicher Angst lache ich vor seiner unbarmherzigen Seele ... nicht, Samuel?

SAMUEL *unwillig geschäftig.* Solche Aufgaben gibt der alte Schuft nur, damit man angeschmiedet steht jede Minute und sich nicht wegrührt ... Weiss Gott ... ich würde ihm das Geschäft vor die Füsse werfen ...

FRAU NELKEN *gespannt.* Wie? ... Was? ... Wenn ...

SAMUEL *legt die Arbeit beiseite.* Wenn nicht sein Weib Sarah hiesse und jung wäre ...

FRAU NELKEN *zärtlich.* Wie eine Blume zu Saron ... wie eine Rose im Tal ...

Samuel hat die Arbeit verlassen und kommt langsam auf Frau Nelken zu. Sie blicken einander in die Augen.

SAMUEL. Gott ... was bist du schön anzusehn ... Sarah! ...

FRAU NELKEN *steht aufgerichtet, heimlich abwartend, still und hält nur die abwehrende Hand gegen Samuel.* Und kein Brunnen ist so tief ... und kein Grab ist so stumm, wie meine Seligkeit und deine Freude ... nicht, Samuel?
SAMUEL *der Frau Nelken an sich ziehen gewollt.* Warum drängst du mich fort von dir, Sarah?
FRAU NELKEN *schmollend und gedehnt.* Weil ich deine zärtlichen Blicke gern hab' ... die mich suchen ... die mich locken, wie Kinder. Ich hasse den Blick, der immer leer ist ... immer innerlich rechnet ... immer fremd bleibt dem andern ... immer vor dem Lichte geblendet die Augenlider verkneift ... scheu abirrt vor jedem guten Blicke, der um Güte bittet ... und der immer nur Gewalt übt ... Küsse mich von ferne sanft auf die Stirn, Samuel!
SAMUEL *küsst sie behutsam und lacht.*
FRAU NELKEN *während des Kusses.* Und kein Brunnen ist so tief ... und kein Grab ist so stumm, wie meine Seligkeit und deine Freude ... nicht, Samuel?
SAMUEL *herzhaft erregt.* Aber sein Misstraun ist noch stummer, wie deine Seligkeit. Und seine Wut würde noch tiefer hervorbrechen, wenn er dächte ...

Er lacht.

Aber was braucht er zu wissen, was zwischen mir und dir ist? Er ist alt. Er wird nie erfahren, was zwischen mir und dir ist.
FRAU NELKEN. Küsse mich auf die Lippen, Samuel! Nur ganz sanft sollst du mich auf meine feuchten Lippen küssen ... dass ich es kaum fühle! Ich habe Rosenwasser getrunken. Sie duften ...

Verführerisch.

Und wenn er es doch einmal erführe, was zwischen mir und dir ist, Samuel?
SAMUEL *läuft unruhig hin und her und antwortet nicht.* Wenn er ... Gott der Gerechte ... wenn Herr Nelken es doch einmal erführe ...
FRAU NELKEN. Wenn er hereinträte ... jetzt ... in seiner Brust das Geheimnis ... in seinem Blute jagend und kreisend unser Geheimnis ...
SAMUEL *wie vorher.* Wenn er ... wenn Herr Nelken es doch einmal erführe ... wenn Herr Nelken jetzt hereinträte ...

FRAU NELKEN. Pah ... da würde ich ihm ... Gift geben ... vielleicht ... ehe ich mit ansähe, wie er dich ermordet ...

Sie lacht plötzlich kindlich.

Was wir nur reden! ... Was wir nur sinnen! Tue deine Arbeit, Samuel ... mach alles zu Ende! ... Herr Nelken ist alt ... Aber er ist ein Abgrund ... Feuer hat er drin in seiner Brust kochen ... er würde dich hassen ... er würde nicht sanft sein ... er würde dich töten ... nicht, Samuel?
SAMUEL *in Gedanken*. Nun ... ja doch ... da würde er mich töten ... mit dem Schächtmesser oder Dolch mich töten ... wenn er mich im Schlafe fände ... denn offen würde er es nicht wagen ...
FRAU NELKEN. Nein ... nein ... niemand könnte solche Dinge offen wagen ... auch ich würde ihm nur immer Gift in seine Suppe tun ... immer ein klein wenig ... immer kaum zu spüren ... immer ein Nichts, das ihn ein bisschen bleicher macht ...

Sie umarmt Samuel plötzlich.

Herr Nelken hat eine bleiche Gesichtshaut. Du ... Samuel ... gib mir einmal dein Ohr nahe ... dass ich es dir zuflüstere: Herr Nelken würde dann von Tag zu Tage bleicher ... Herr Nelken betet immer laut zu Gott ... er muss etwas fühlen ... er hat eine heimliche Bangigkeit vor dem Tode ...

Inbrünstig.

Und doch ist kein Brunnen so tief ... und kein Grab ist so stumm, wie meine Seligkeit und deine Freude ... nicht, Samuel?
SAMUEL *mit halber Entrüstung*. Sarah ... du wirst keine Sünde begehen, Sarah ... Er wird nie erfahren, was zwischen mir und dir ist ... Keine Sünde wirst du begehn ... süsse Sarah ... meine Taube ... Ich werde dich in meine Arme schliessen mit aller Gewalt jetzt ...
FRAU NELKEN *lachend*. Wo bleibt deine Gewalt? ... Du hast immer nur Gewalt zum Küssen ... und du sollst sanft sein dabei ... und hast gar keine Gewalt zum Hüten meiner Seligkeit ... da bist du feige ... wagst nichts ... wagst nicht zu revoltieren ... verkriechst dich wie ein Hund, wenn der Herr kommt ... dass der Herr immer Herr bleibt über dich und mich ... pfui, Samuel ... dass du dich vor dem Alten fürchtest, wo du und ich jung sind ... und dass du dich

vor der Sünde fürchtest, wenn du nach mir brennst ... Ich fürchte mich vor gar nichts ... 'denn ich liebe dich ... nicht, Samuel?
SAMUEL. Du, Liebchen, gehe ... gehe in die Küche zurück ... es ist spät ... er wird kommen ... lege Kette und Spangen und das kostbare Kleid rasch wieder in die alte Truhe ...

In diesem Augenblick hat es wieder leise an der rechten Tür geklopft.

Gehe in die Küche zurück ... Ziehe deine Kattunkleider an ... es klopft ... Gott der Gerechte ...
FRAU NELKEN. Nein ... wenn es auch klopft ... ich werde mich nicht verstecken ... vor niemandem ... weder wenn jetzt noch ein Verkäufer in der Not käme, der Herrn Nelkens Hilfe anruft ...

Sie lacht höhnisch.

noch vor Herrn Nelkens bösem Blicke selber ...

Es klopft rechts noch ein zweites Mal leise. Beide lauschen.

FRAU NELKEN *eilt hinter die linke Tür zurück, nur wieder einen Spalt offen lassend. Dort spricht sie laut und arglos.* Samuel, öffne doch die Tür ... lass doch eintreten, wer herein will.
SAMUEL. Herr ... Herr ... Herr ... nur schweige still ... ich wage es nicht ... ich kenne ihn ... niemand darf draussen einen Laut hören ... Herr Nelken wird es selber sein ... er sieht jetzt bleicher aus als sonst ... Er betet, jetzt immer laut zu Gott ... sein Misstraun kriecht wie eine Schlange in allen Winkeln herum ... wittert deine Seligkeit und meine Freude ...

Wie Frau Nelken lacht, will er ihr den Mund zuhalten.

Nur jetzt keinen Laut mehr ... mag er auftun, wenn er es selber ist ... niemand öffnet jetzt ...
FRAU NELKEN *geht trotzig zur Tür.* Du Feigling, der du bist ... Liebchen ... soll man es denken, dass solche jämmerliche Furcht ohne Grund aufwächst! ...

Sie schliesst die Tür geräuschvoll auf und öffnet sie weit.

Da ... Samuel ... derselbe Mensch ... derselbe Mensch, der die Bücher bringt ... er wartet noch immer ...

Sie lacht fröhlich.

SAMUEL *der zum Pult zurückgeeilt war, kommt neugierig wieder Schritt um Schritt ins Zimmer.*

FRAU NELKEN *den Schüler, der eintreten will, sanft zurückhaltend.* Nein, nein … nicht hier herein … Sie müssen draussen warten, lieber, junger Herr. Sie müssen warten … der Commis hat kein Geld. Herr Nelken kauft alles selber. Aber er wird den Abend und die Nacht keinesfalls fortbleiben. Er wird bald stumm herumgehen unter seinen Schätzen. Er wacht wie eine lauernde Kreatur … über alles, was sein ist … Besitzen ist sein Leben … da wird er nicht wegbleiben … er wird kommen, eher als uns lieb ist … Sagen Sie es dem jungen Manne, Samuel!

73 SAMUEL. Machen Sie doch die Tür zu! … Narr, der es zehnmal gehört hat … und nicht Lehre annimmt. Werfen Sie ihm doch die Türe vor der Nase zu. Genug Antwort. Will er warten, wird er wissen wo!

FRAU NELKEN *noch einmal den Kopf hinaus steckend.* Unten vor der Haustür, junger Herr … oder vielleicht warten Sie besser oben auf der Treppe, wenn sich etwa Herr Nelken durch die Hintertür hereinstähle … nicht, lieber, junger Herr? … Ich muss die Türe schliessen. Alle Türen müssen immer bei uns geschlossen sein, ehe Herr Nelken ins Haus kommt.

Sie lacht ihm noch einmal zu, macht die Tür zu und verschliesst das Schloss.

Samuel … es ist alles wieder still.

SAMUEL *hat unterdessen wieder geschäftsmässig in seine Arbeit geblickt.*

FRAU NELKEN *lockend.* Der junge Herr wartet oben auf der Treppe
74 … er wird den Alten laut ansprechen … wir werden seine schweren Tritte hören, wenn der Alte müde emporsteigt … wir werden seine mürrische Rede hören … der junge Herr wird ihn aufhalten, dass wir Zeit finden, uns zu verbergen … du dorthin … ich hierhin …

Samuel ist langsam wieder herein getreten.

Küsse mich auf den Hals, Samuel, und flüstere mir nach, was ich dir sage: Du bist mein A und O … rede … rede, Samuel!

SAMUEL *spricht nach.* Du bist mein A und O … rede … rede, Samuel!

FRAU NELKEN. Einfalt du … Dummer … du Bösewicht … nein nein nein … gar nicht … ich meine es nicht im Spass … ich will dich entflammen mit meinem Feuer … jetzt noch einmal! … Küsse mich auf den Hals … und flüstere, was ich dir sage: … Du bist mein A und O … mein Anfang und mein Ende … Ich bin ein Feuer, das nach dir brennt … Ich bin ein Dornbusch in lohen Flammen … Ich lebe und brenne von deiner Liebe Gnade …

SAMUEL. Gott … nein nein … Das ist zu lang für mich … Ich habe mir nie Verse merken können, Sarah … Du darfst mir immer nur einen Satz auf einmal sagen …

FRAU NELKEN *drollig zornig.* Pfui … Samuel … Das ist kein Spass … das sind keine Verse … das ist keine Dichtung in meiner Seele. Das ist mein Evangelium … weisst du es nicht? … merkst du es nicht? … ist es nicht auch dein Evangelium? … Ich will dich froh machen … ich will dich stark machen … ich will dir Mut einblasen … ich will dir Glauben einblasen … das Gefühl erfüllt mich! Und ich will daran leben und daran sterben … siehst du … so muss es auch bei dir sein … ich werde nicht ruhen, bis auch du so fröhlich bist … es ist ins Rollen gekommen, ach, Geliebter … ich will es nicht aufhalten … meine Liebe springt wie ein Quell zu Tale … wie ein Bach über Stock und Stein … er ist nicht mehr aufzuhalten … niemand wird ihn aufhalten … gar Furcht! … gar Sünde! … er will ins Meer … er muss frei ins Meer fliessen!

SAMUEL *eingeschüchtert.* Sarah … Sarah … Du schwelgst in Worten …

FRAU NELKEN *achtet seiner Worte gar nicht, hält nur eifrig ihre Hand hin.* Da … wenn ich auch immer Arbeit tue … meine Hand ist weiss und fein, wie Lilienhaut … weisst du, was ich tue? ich ziehe weiche Handschuh über meine Hände … nachts, wenn sein böser Blick eingesunken ist … früh, wenn er im Kaftan an den Tisch tritt, sehe ich's, wie er erstaunt ist … »Was hast du für weisse Hände, Sarah«, murrt dann Herr Nelken … »Ja«, sage ich, »ich hatte immer weisse Hände … denn schon meine Mutter war eine liebliche Frau … sanft von Stimme … ihr Lachen klang hell … eine Ruth war sie … aber sie hatte niemand, den sie liebte, sie hatte auch nur immer einen **Herrn**... und doch waren ihre Hände weiss geblieben, wie Lilienhände« …

Sie ermannt sich aus Meditationen, ergreift ein Licht und Siegellack, hat das Licht schnell entzündet, macht das Siegellack, sorglich über den Tisch gebeugt, heiss.

77 Nun ... Samuel ... sieh zu! ... sieh stille zu, was Liebe tändelt ... Ich! werde jetzt gleich auf meine feine, weisse Haut ...
SAMUEL. Gott ... Gott nein ... was willst du tun damit? ... Du wirst dich verbrennen ...
FRAU NELKEN *läuft drollig mit Licht und Siegellack weg, weil Samuel es ihr fortnehmen will.* Du lässt mich tun, was ich tun will. Ich bin ein Lamm ... und werde noch zornig werden, wie du vor allen Dingen nur immer auf der Hut bist. Ich will es so ... und tue es so ... da ...

Sie hat das Licht wieder auf den Tisch gestellt.

Und wenn du mir jetzt nahen wirst, werde ich dir ein Siegel auf die Stirn pressen, dass du daran gedenken sollst ... an deine Feigheit und an meine Liebe ...
SAMUEL. Du spielst mit mir, Sarah.
FRAU NELKEN. Du wirst sehen, dass ich nicht spiele.

78 *Sie träufelt ganz behutsam auf ihren linken Handrücken einen grossen Fleck Siegelwachs, und sagt dabei.*

So weckt man Scheintote ... die schon gestorben deuchten. So weckt man Scheintote aus dem tiefsten Schlafe, dass sie plötzlich von dem brennenden, stechenden Schmerz ihre Augen erstaunt wieder auftun ...

Sie lacht Samuel an.

Und ich lebe ... und der Schmerz zuckt mir durchs Blut ... versengt meine Seele ... in meiner Heimlichkeit brennt er wie ein glühendes Feuer ... Aber die weisse Hand zuckt nicht ... Meine Seele ist ganz nur Hingabe ... Meine Augen lachen des Schmerzes ...
SAMUEL. Um Gotteswillen ... die liebe Hand ... so ein Unsinn. Du bist immer phantastisch, Sarah ...
FRAU NELKEN. Weil ich dich liebe, kann ich mehr ertragen, als brennende Schmerzen, und kann noch lachen ... und kann noch fröhlich sein ...

SAMUEL. Ach, Liebchen … oh, wie du stark bist … oh, wie du schön bist … wie nur deine Augen strahlen, weil du liebst … auch in mir ist der Brand aufgewacht … auch in mir ist kein Frieden eher … wenn ich dich ansehe, Sarah … wenn ich dich so ansehe mit meinem saugenden Blicke, Sarah …

Er lauscht plötzlich.

Der Herr … der Herr … der Herr …
FRAU NELKEN *leise.* Was ist, Samuel?
SAMUEL *fast in Schrecken gelähmt.* Herr Nelken …
FRAU NELKEN. Wo …?
SAMUEL. Er hat eben die Gewölbetür ins Magazin wieder ins Schloss gedrückt.
FRAU NELKEN *lacht leise.* Du siehst Schatten, die nicht Leib haben, Samuel. Samuel. Gehe … gehe in die Küche zurück … lege doch das köstliche Kleid rasch wieder in die Truhe … Du kannst noch fortschleichen … Er wird nicht wissen, dass du hier warst … er rührt sich noch nicht … er lauert noch auf einen Laut … Ich werde leise ans Pult treten … Niemand wird wissen, was zwischen dir und mir ist …
FRAU NELKEN *lacht und sagt laut.* Samuel … wenn Herr Nelken käme … vielleicht geht er nicht grade aus … Misstraun geht Schleichwege … Vielleicht schliesst er nur leise das schwere Gewölbeschloss auf und erscheint durch das Magazin … pfui, pfui … dann weiss ich, dass er auch lauert und lauert und nichts Gutes erhört … Mag doch der Alte uns wie Kinder spielen sehen …
SAMUEL *ringt die Hände.*
FRAU NELKEN *jetzt scheinbar ängstlich.* Soll ich mich flüchten, Samuel? …

Wieder laut.

Oh nein, denn Herr Nelken soll Freude haben an seinem Weibe, dass sie sich mit seinem Reichtum schmückte …

Wieder scheinbar ängstlich und leise.

Gehe ans Pult und stelle dich, als ob du schriebst!
SAMUEL. Nein … wenn du Mut hast …
FRAU NELKEN *kichert heimlich.* Bist du auch ein Feuerherz?

SAMUEL *wieder ganz ängstlich.* Er kommt leise ... Schritt um Schritt ... nur die Diele knackt ... aber ich werde so tun, als wenn ich dich nur angestaunt hätte in deinem schönen Gewande ...
FRAU NELKEN *sieht Samuel drollig an.* Ach, du ... so recht ist dir wohl nicht?
SAMUEL *leidenschaftlich.* Sarah ... Sarah ... du wirst ihm eher ...
FRAU NELKEN *flüstert.* Eher würde ich ihm Gift in seine Suppe tun, als dass er dich tötet ...

Sie hängt sich an ihn, umarmt ihn stürmisch und flüstert.

Samuel ... diese Nacht kommst du ... nein, nein, ich komme zu dir, wenn er wieder wie ein Toter schläft ... gehe an die Arbeit ... ich flehe dich ... niemand darf wissen, was zwischen mir und dir ist ... er ist ein Abgrund ... niemand könnte wissen, was geschieht, wenn er es ahnte ... ich fliehe jetzt ... ich werde das Seidengewand schnell wieder in die Truhe legen ... er wird nichts merken ... die Spangen und die Ketten ... liegen sollen sie, wie seine zitternden Knochenhände alles sorglich eingebettet. Alles habe ich mir gemerkt, genau, wie es dalag ... Ich werde mich verbergen ... im Kattunlumpen werde ich mich auf die Herdbank setzen und die Mühle drehn ...

Sie flieht bis an die linke Tür. Da hört man im Magazin ein klirrendes Geräusch.

Hah ... er ist schon in der Nähe ... Er hat mit seinem Kaftanzipfel etwas heruntergerissen ... bleibe dort stehen, wo du stehst ... ich werde ganz arglos tun ... ich werde ihn anlächeln, wie wenn ich ihn erwartet hätte ... bleibe auch du arglos ... rühre dich nicht ... staune mich an von oben bis unten ... auch du sollst lächeln, als wenn du ihn erwartet hättest, und nun froh wärst, wenn er endlich hereinkommt ... da ...

Sie eilt durch alle Räume, bis in die Tiefe des Magazins, lacht klingend, kommt zurückgeeilt und ruft immer nur.

Oh, du Furchtsamer, der du ein Hasenherz hast, wie keiner ... Der alte Nelken hat nicht das Gewölbeschloss gerührt ... der Zugwind hat es gerüttelt ... und eine alte Leiste ist abgesprungen ... nichts ist niedergefallen, was der Kaftanzipfel herabstrich ... Ich liebe dich,

Samuel ... weil du so furchtsam bist, wie ein Vogel auf dem Zweige ... gleich fortfliegen willst ... oh, ich werde dich schon hüten ... ich werde dich schon hüten ...

Sie umarmt ihn leidenschaftlich.
Plötzlich hört man einen Schlüssel ins Schloss geschoben werden an der rechten Tür. In diesem Augenblick fahren sie Beide heftig auseinander. Samuel eilt zum Pult, zurück, während Frau Nelken durch die Tür links verschwindet.

DER ALTE NELKEN *erscheint, ein alter Jude in langem Kaftan, mit struppigem, langem Barte und unbarmherzigem Blick, ein wenig gebeugt, sonst von zäher, patriarchalischer Erscheinung. Er tritt herein, nachdem er sein Schlüsselbund sorglich wieder geordnet und die Tür in der Hand behalten hat. Er spricht unverständlich vor sich hin, und sieht sich mit eiligem Blick einmal schnell in der Stube um. Dann redet er laut auf den Hausflur hinaus.* Kommen Se rein!
DER SCHÜLER *erscheint.*
DER ALTE NELKEN. Na ... was haben Se?
DER SCHÜLER *reicht ihm den Packen Bücher hin, unterdessen er sich neugierig überall umsieht.*
DER ALTE NELKEN *hält die Bücher lange in der Hand und auf den Knieen, wobei er umständlich die Rückentitel mustert und einiges unverständlich in den Bart murrt. Dann lacht er den Schüler an und sagt.* E Keenigreich mechten Se dafor ... nich?
DER SCHÜLER. Sehen Sie sich nur die Bücher genau an, Herr Nelken. Die Kosmische Physik allein mit dem Atlas hat meinem Vater zehn Taler gekostet.
DER ALTE NELKEN *hat die Daumen unter die Achseln geschoben, geht meditierend in der Stube hin und her, spielt unruhig mit allen Fingern in der Luft, und besieht von Zeit zu Zeit die Bücher, die er auf den Tisch legt.* Biecher sind Papier, junger Mann!

Er geht wieder an den Tisch heran, und schlägt ein Buch nach dem andern auf.

Papier sind Biecher ... Der Laden is voll von oben bis unten ... Geld wollen Se haben? ... Wozu brauchen Se Geld?
DER SCHÜLER *lacht.* Wozu brauchen Sie denn das viele Geld, das Sie haben, Herr Nelken?

DER ALTE NELKEN *geht wieder unruhig meditierend und mit allen Fingern in der Luft spielend in der Stube hin und her.* Gott der Gerechte ... das viele Geld, das ich habe ... wo wollen Sie herwissen, was ich fir Geld habe, junger Mann ... studieren sollen Se de Biecher ... verstehn Se mich ... nehmen Se de Biecher ... was wissen Se, was ich fir Geld habe? ... nehmen Se de Biecher ... verstehn Se mich ... nehmen Se se ... ich hab gar kein Geld fir Biecher ... gehn Se, dass ich schliessen kann!

DER SCHÜLER *in einiger Verlegenheit.* Herrgott ... Herr Nelken ... ich brauchte aber ausserordentlich notwendig ...

DER ALTE NELKEN *geht hin und her.* Er braucht ausserordentlich notwendig ...

Er lacht.

Als ob der alte Nelken e' Narr wäre, der nur sitzt und wartet, dass ein andrer braucht ... nehmen Se de Biecher ... Biecher gibts zu viele in der Welt ... Geld zu wenig ...

DER SCHÜLER *etwas eingeschüchtert, will die Bücher, noch immer zögernd, zusammenraffen.* Das schönste Buch, das ich habe, ist die Kosmische Physik. Und bloss, weil ich wusste, dass sie so wertvoll ist, wollte ich sie mir vom Herzen reissen.

DER ALTE NELKEN *besieht sich das Buch neu.* **Was** haben Se gegeben?

DER SCHÜLER. Zehn Taler hat mein Vater bezahlt dafür.

DER ALTE NELKEN. Nischt sind se wert ... alte Biecher ...

DER SCHÜLER. Die Bücher sind wie neu. Herrgott, Herr Nelken, seien Sie doch so gut ... und kaufen Sie die Bücher. Ich will sie ja nicht bezahlt haben wie neu. Was wollen Sie denn geben? ...

DER ALTE NELKEN *sinniert.*

DER SCHÜLER. Die Bücher kosten, wenn ich sie neu kaufe ... der Zschokke zwölf Mark ... das Buch der Erfindungen zwölf Mark ... der Kosmos sechs Mark ... davon habe ich von meiner Tante noch ein Exemplar zu Hause, deswegen verkaufe ich den ... und die Kosmische Physik dazu ... ich müsste mindestens sechzig Mark anwenden, wenn ich sie mir kaufen wollte.

DER ALTE NELKEN. Sprechen Se mer nich ins Geschäft, wenn ich überschlage, was de Sache wert is ... Kaufen is leicht, wenn man Geld hat ... man is immer der Narr ... man hat leicht e' Schund auf'm Halse ... die ganzen Biecher sind neu ... sicher ... neu sind se ... aber wert sind se nischt ... nich zwei Taler sind se wert ...

Er klopft sich mit beiden Händen auf die Sacktaschen. Dabei entnimmt er aus der Linken zwei Talerstücke, die er auf den Tisch legt.

Hier sind de zwei Taler ... nu' nehmen Se de zwei Taler ... oder nehmen Se de Biecher, dass ich de Tire verschliessen kann.
DER SCHÜLER. Nein, Herr Nelken, das wäre ein zu gutes Geschäft.
DER ALTE NELKEN. Gott der Gerechte ... er will mer sagen, was e' Geschäft is!
DER SCHÜLER. Nein, Herr Nelken, ein dritt Teil von dem Einkaufspreise muss ich bekommen, sonst wäre das ja gradezu Sünde ...
DER ALTE NELKEN *lacht. Er spricht* Sünde ... und der alte Nelken soll's bare Geld geben ...

Er grinst den Schüler freundlich an.

Was brauchen Se, junger Mann?
DER SCHÜLER. Ich brauche wenigstens acht Taler, Herr Nelken.
DER ALTE NELKEN. Nischt sind se wert ... alte Biecher ... und wenn se neu sind ... Papier sind se ... da ...

Er holt noch zwei Thaler aus seinen Sacktaschen.

Nehmen Se de vier Taler! Se werden keinen grösseren Narren finden, wie e' alten Nelken.

Er grinst ihn wieder freundlich an.

Der Atlas gefällt mer ... de Bilder von 'e' Sternschnuppen gefalln mer ... ich mechte de Nacht iber dasitzen und studieren, wie der Mond geht und de Sterne gehn am Firmament.
DER SCHÜLER. Ja, das ist alles gut und schön, Herr Nelken, aber da müssen Sie noch viel zulegen, wenn es mir nutzen soll.
DER ALTE NELKEN. Se brauchen acht Taler ... ich brauche tausend. Nehmen Se de Biecher mit.

Er streicht sein Geld wieder ein.

DER SCHÜLER. Acht Taler brauchte ich.
DER ALTE NELKEN. Acht Taler brauchen Se ... nich finfe sind de Biecher wert ... Mein letztes Wort ... Hier sind de finfe! Nehmen

Se de finfe ... oder scheeren Se sich aus meinem Hause, wenn Se sich vor der Sinde firchten, die Se begehn ... Es tut mer leid, junger Mann ... Se sind e' hibscher Mann ... ich will Ihnen helfen, junger Mann, wenn Se in Not sind ... Nehmen Se de finfe ... oder scheeren Se sich ...

DER SCHÜLER *eingeschüchtert.* Acht Taler brauchte ich ...

DER ALTE NELKEN. Sechse brauchen Se ... junger Mann ... sechse brauchen Se ... und nich einen Pfennig mehr, wenn Se achte sagen ... da ... hier sind de sechse ... machen Se nich, dass mer nich de Zornwelle aufsteigt ... sagen Se kein Wort weiter ... nehmen Se de sechs Taler ... stillschweigend ... nehmen Se se rasch, dass dem alten Nelken 's Geschäft nich leid wird ... der alte Nelken hat e' weiches Herz ... noch freit er sich, dass er Ihnen helfen kann ...

DER SCHÜLER *zögernd.* Ach, Herr Nelken ...

DER ALTE NELKEN. Sagen Se nischt mehr ... wenn Se Hilfe brauchen ... Die Hilfe, die klingt, die finden Se nich in der Welt, bei Freund nich, und bei Bruder nich ... Nehmen Se se, de sechs Taler ... Se werden Ihnen geboten ... der alte Nelken is e Narr ... er tut de Sinde ... er bezahlt bar ...

Er grinst den Schüler wieder freundlich an.

DER SCHÜLER. Na ... da ... meinetwegen ... ich danke Ihnen schön, Herr Nelken ...

Er bindet sich sein Geld in sein Schnupftuch.

DER ALTE NELKEN *wirft einen lauernden Blick auf ihn und dann zu Samuel hinein, während er wie achtlos an die linke Tür tritt und horcht.*

DER SCHÜLER. Gute Nacht, Herr Nelken!

DER ALTE NELKEN *während er den Schüler zur Tür hinauslässt.* Wir missen bitten, dass wir bewahrt bleiben vor Schrecken, junger Mann. Gott der Herr behite Ihre Schritte, junger Mann.

Der Schüler ist verschwunden. Der alte Nelken schliesst umständlich mit einem grossen Schlüsselbunde die rechte Tür hinter ihm. Dann geht er an seinen Geldschrank, sieht sich verstohlen um, und entledigt seine Taschen von allerlei Dingen, die er mit sich brachte. Dann bleibt er in der Mitte des Zimmers sinnend stehen, sieht nach Samuel hin, wendet den Kopf nach der linken Tür, geht einige Schritte darauf zu und horcht wieder.

E' Mal hat einer gehabt ein' Affen im Haus, und er hat sich den Bart geputzt mit ein' Schermesser ... und er is weggegangen und hat das Schermesser liegen gelassen. Da is der Aff' gekommen ... und hat das Schermesser gegriffen ... und hat welln nachmachen sich zu putzen ...

Er ruft ins Magazin.

Bist du zu Ende, Samuel?

SAMUEL. Gleich, Herr Nelken ... Ich komme gleich ... Ich muss die Seite erst abschliessen ... Gott, wenn man gestört wird, is e' halbes Tun ... Jetzt muss ich noch einmal von oben zählen ...

Der alte Nelken hat ein Gebetbuch, aus der Tasche gezogen, und beginnt murmelnd hin und her zu gehen.
Frau Nelken erscheint lautlos, scheu, in einem einfachen Küchenanzug.

Der alte Nelken lässt sich in seinem Gebetmurmeln nicht stören.

FRAU NELKEN *stellt Geschirr fürs Abendbrot auf den Tisch.* Es war ein junger Mann hier ... hat er Sie getroffen?
DER ALTE NELKEN *murmelt weiter, indem er ihr nur mit den Augen zublickt.* Ja ja ja ja ... 's war e' junger Mann hier!
FRAU NELKEN. Können die Bücher hier fort?

Frau Nelken ist im Begriff die Bücher aufzunehmen.

SAMUEL *der sofort beim Erscheinen von Frau Nelken unruhig herein beobachtet hatte, ist auf der Schwelle erschienen.* Ich werde die Bücher ins Magazin tragen.
DER ALTE NELKEN *mitten aus seinem Gebetmurmeln.* Nischt wirscht de tragen ... bei der Arbeit wirscht de bleiben ... verstehst de ...

Er umkreist in Erregung die Tür nach dem Magazin, immer Samuel im Auge behaltend, bis er Schritt um Schritt zum Pulte zurückgegangen ist.

FRAU NELKEN *bleibt untätig stehen und sinnt vor sich hin.*
DER ALTE NELKEN. Lass de Biecher liegen, bis ich mit 'm Gebet fertig bin.

FRAU NELKEN *lacht plötzlich auf.*
DER ALTE NELKEN *erregt.* Samuel, nimm die Biecher fort ... hörst de ... nimm de Biecher fort!
SAMUEL *kommt von neuem und trägt die Bücher ins Magazin.*
FRAU NELKEN *steht unbeweglich. Dann lacht sie wieder plötzlich auf.*
DER ALTE NELKEN *während des Gebetmurmelns.* Was lachst de, Sarah?
FRAU NELKEN. Ich hatte einen Traum in Gedanken.
DER ALTE NELKEN *nebenbei.* Magst de traimen, was de willst, Sarah! Was kanns tun, was man nur in Gedanken hat ...

Immer innerlich beschäftigt.

Mach' de Tire zu ins Magazin, Sarah ...
FRAU NELKEN *kalt und sicher.* Die Tür kann ruhig offen bleiben. Meinen Traum erzähle ich doch nicht.
DER ALTE NELKEN *geht, letzte Worte hastig murmelnd, hin und her, schiebt sein Gebetbüchel in seinen Kaftansack, wirft wieder einen lauernden Blick zu Samuel hin, und sieht dann Frau Nelken hart an.*
FRAU NELKEN *lacht wieder plötzlich auf mit einem flüchtigen Blitzen in den Augen.*
DER ALTE NELKEN *betrachtet Frau Nelken noch immer unbarmherzig.*
FRAU NELKEN *plötzlich wieder betätigt, den Tisch herzurichten. Ganz arglos.* Es ist höchste Zeit, dass es zum Essen wird. Wielange soll es denn dauern? ...
DER ALTE NELKEN. Sarah ...
FRAU NELKEN *kommt hastig zu ihm. Sie flüstert.* Du darfst nicht reden, dass es Samuel hört ... sonst schäme ich mich.
DER ALTE NELKEN *kalt, ohne sie anzugreifen.* Hast de Ungeduld ... Sarah?
FRAU NELKEN *zögert, die geballte Faust am Munde.* Huh ... was macht es, dass ich dir immer entgegen wachse, wie das Leben dem Tode! ... und ich dein Weib bin ... still ... dass Samuel es nicht hört ... sonst schäme ich mich ...

Samuel hat in diesem Augenblick irgend einen zerbrechlichen Gegenstand mit Gekrach zu Boden geworfen.

DER ALTE NELKEN *steht erschrocken, aber lauernd und hart.*

SAMUEL *ist auf der Schwelle erschienen und richtet sich trotzig auf. Er wirft Frau Nelken einen Zornblick zu.*
FRAU NELKEN *heimlich höhnisch am Tisch.* Herr Nelken will dich erdrosseln, Samuel!
DER ALTE NELKEN *der sie ansieht, mit einem Zornblick zu Samuel, spricht ganz kalt.* Bezahlen wirscht de de Vase … verstehst de mich!

Damit kommt er ins Zimmer zurück und setzt sich auf einen Stuhl am Tisch nieder.

Bleich wird mer, wenn man e' Schreck hat. Der Mensch is irrsinnig … schmeisst mer de kostbare Vase vom Schranke runter … und will se nich bezahlen.

FRAU NELKEN *ganz arglos.* Warum sollte er sie nicht bezahlen …? … Nicht, Samuel?
DER ALTE NELKEN. Du hast nischt zu ihm zu reden … und er hat nischt zu dir zu reden … Er wird se nich bezahlen, wenn ich nich will … und er wird se bezahlen, wenn ich will. Ich bin der Herr, der 's Geld hat … versteht' Ihr, mich …. Sarah … gehe … bring, dass mer essen, und dass mer dann schlafen … und du, Herr Samuel … flitze mit deinen Augen, wie de willst … mag de Vase zerbrochen sein … kehr se zusammen … mach mit 'm Buche e Ende …. schlag's zu … schliess' in e Schrank, dass Ordnung is … iss … und dann geh mer aus e Augen, wenn de nich willst, dass mer de Zornwelle neu aufsteigt …
FRAU NELKEN *ist unterdessen verschwunden.*
DER ALTE NELKEN. Bleich wird mer, wenn man e Schreck hat. Der Mensch is irrsinnig … schmeisst mer de kostbare Vase runter … und will se nich bezahlen …
SAMUEL. Natürlich werde ich sie bezahlen.. Heller für Pfennig werde ich sie bezahlen.
DER ALTE NELKEN *zornig.* Nischt wirscht de bezahlen … wenn ich sage, du wirscht nischt bezahlen, da wirscht de nischt bezahlen … abgemacht …
SAMUEL. Sie kennen mich vielleicht noch nicht … Herr Nelken! Ich kann auch in Wut geraten …
DER ALTE NELKEN *für sich.* Der Mensch is irrsinnig … schmeisst mer de kostbare Vase von der Fürschtin vom Schranke runter … und will in Wut geraten …

100 SAMUEL *kommt dem alten Nelken nahe.* Sie kennen mich noch nicht … Ich kann auch in Wut geraten … Und wenn ich in Wut gerate … Herr Nelken …
DER ALTE NELKEN *blickt Samuel hämisch an.* Waaas …? … Waaas …? …
SAMUEL *geht, während Frau Nelken mit dem Essen hereintritt, wieder beiseite.* Vielleicht könnte doch einmal eine Zeit kommen, wo Sie merken werden … Herr Nelken!
DER ALTE NELKEN *umkreist noch immer wütend Samuel.*
FRAU NELKEN. Ich dächte, Ihr ässt jetzt … und liesst die dumme Vase zerbrochen sein. Nein, es kommt mir so lächerlich vor, sich darüber die ganze Zeit aufzuregen. Ueberhaupt sich aufzuregen …

Der alte Nelken setzt sich und beginnt die Suppe zu essen.
Samuel, mit Frau Nelken einen heissen Blick wechselnd, tritt scheu an den Tisch heran, um sich zu setzen.
Frau Nelken setzt sich ebenfalls. Sie essen eine Weile.

101 DER ALTE NELKEN *springt vom Tisch plötzlich wieder auf und läuft hin und her.* Der Mensch is irrsinnig … schmeisst mer de kostbare Vase von der Fürschtin vom Schranke runter … und will in Wut geraten … bleich wird mer … de Suppe widert mer …

Samuel und Frau Nelken werfen sich wieder einen Blick zu.

DER ALTE NELKEN. Da sitzen de Zwei … der Tauber und de Taube … drehn ewig de Hälse … drehn de Hälse … suchen sich mit e Augen … spielen Verstecken miteinander vor'm alten Nelken …
FRAU NELKEN. Und wenn wir auch nach einander die Hälse recken … den ganzen Tag sind wir allein miteinander, weil Sie niemandem im Geschäft traun … da müssen Sie ja doch immer jeden Heller beäugen, der einkommt … Was Wunder, wenn dann Samuel ewig am Pulte steht und ich ewig in der Küche … er dort und ich hier … und wir dann und wann zueinander laufen und uns ein Wort zuflüstern …
102 DER ALTE NELKEN *hat sich wieder an den Tisch niedergelassen und suppt weiter. Er sagt dumpf.* De Suppe schmeckt mer nich, Sarah.
FRAU NELKEN *lächelt träumerisch vor sich hin.*
DER ALTE NELKEN. De Suppe schmeckt mer nich, Sarah … Was hast de zu lächeln?

SAMUEL. Warum **lachen** Sie eigentlich immerfort, Frau Nelken?
FRAU NELKEN *hart.* Herrgott, fragst du auch noch? Ich dächte, du wüsstest, warum ich lache ... nicht, Samuel?
DER ALTE NELKEN *vor sich hin, indem er Samuel und Frau Nelken scharf beobachtet.* Jung is er ... Flaum hat er ums Kinn ... de Zähne sind weiss ... de Augen wie Lammaugen ... sieh'n an, Sarah ... zärtlich is er .... sanft is er ... Samuel, se sagt, du weisst, warum se lacht ... sprich, warum lacht se?
FRAU NELKEN. Ach Gott! ... das redet man so hin ... wer kann wissen, worum ich lache? ... denn ich habe wohl etwas, das zum lachen ist ... aus der Tiefe lache ich ... und auch Samuel möchte gern aus der Tiefe lachen ... aber deine Augen, Herr, kriechen um ihn ... belauern ihn ... dass er umwunden ist, wie von einer bösen Schlange ... da wagt er nicht aufzublicken ... geschweige, dass er die Luft einmal klingen machte oder gar schüttern mit seinem Lachen ...
DER ALTE NELKEN *erhebt sich.* Sarah ... was hast de gesagt, Sarah? ... aus der Tiefe lachst de ... aus der Tiefe lachen de gierigen Geister ...

Er fasst Samuel scharf ins Auge.

SAMUEL *bleicher geworden.* Ich begreife gar nicht, warum Sie mich so anstarren!
FRAU NELKEN *lacht laut auf.* Feigheit ist alles ... Feigheit ist alles ...
DER ALTE NELKEN *blitze sprühend nach Samuel.*
FRAU NELKEN *lachend.* Deine drohenden Blicke sind Feigheit ... Du weisst ganz genau, dass ich mir gar nichts daraus mache ... wenn ich auch im Küchenkleide bin ... und den ganzen Tag nur hantiere mit Topf und Besen ... ein Weib bin ich ... Herrin bin ich ... Deine Herrlichkeit ist bald am Ende, wenn ich mich dehne ... recke dich nur auf! ... Denkst du wirklich, ich fürchte mich? Herrin bin ich ... und wer kann mir gebieten, wohin ich meine Schätze verteile? Da, hier werfe ich meine Gnade hin .... und ich weiss wohl, dass du nur so redest, damit ich dir gnädig bin ... nichts werde ich sein ... ich werde dich verlachen, wenn du nach mir hungerst ... alter Tor ... der den Sanften einschüchtern will ...

Plötzlich streng und kalt.

Essen mögen wir jetzt … Du magst stillschweigen und zur Besinnung kommen über mich …

Gütig lächelnd.

Und du sollst dich erholen, dass du wieder Leben fühlst! … Nicht, Samuel?

Alle Drei beginnen jetzt eine Weile zu essen.

FRAU NELKEN. Halte das Feuer in deinen Augen zurück, Nelken! …

Es entsteht wieder eine Pause, währenddess sie essen.

SAMUEL *schiebt seinen Teller fort und erhebt sich.* Ich hab' genug …
FRAU NELKEN. Warum willst du gehen, Samuel … wo die Nacht noch nicht anbricht?

Der alte Nelken isst in verhaltenem Zorn.

FRAU NELKEN. Ich weiss wohl, dass dir der Bissen im Halse trocken wird, Nelken, wenn ich stolz rede. Mag er dir trocken werden!
SAMUEL *im Begriff sich wieder zu setzen.* Ich bin nicht feige, wie ich scheine, in meiner Stummheit. Schliesslich fängt es auch in mir an, im Blute zu treiben … Was sind Sie denn auch? Ein unbarmherziger Geldschneider … ein Mann, der wie ein finsterer Büffel gewaltig aussieht … und den ein kleiner David erschlagen kann mit einem Steine …

Er ermannt sich von seiner Wut und sagt höhnisch.

Pah … um was? … Ich werde keine Hand rühren … ich werde in meine Kammer gehen

Er zögert mit einem fragenden Blick nach Frau Nelken.

… Nicht, Frau Nelken?
DER ALTE NELKEN *bricht in ein tolles Lachen aus.*
FRAU NELKEN *sagt höhnisch.* Feigheit ist alles … Dein tolles Lachen ist Feigheit. Du weisst ganz genau, dass ich mir gar nichts daraus mache … und du ahnst mehr, als dir lieb ist … darum lachst du … Du lachst mit Schmerzen … ich werde nicht weich werden von

deinem Lachen ... ich werde fest stehen ... und mich nach dem umblicken, den ich ersehne. Den Tag wird er mein sein ... die Nacht wird er mein sein und wir werden dich beide verlachen ... wie die Mäuse spielen wir Tag um Tag, wenn der Herr draussen ist ... wie die Kinder, wenn die Mutter auf Arbeit ist, hinter der verschlossenen Türe ... mit Feuer spielen die Kinder, mit dem heissen Feuer im Blute spielen die, die jung sind miteinander ... Samuel ... ein Mann bist du ... jung bist du ... und des alten Nelken Weib hat heisses Blut in den Adern ... was kann mir der Herr anhaben ... als dass er dich und mich tötet!

SAMUEL *lacht zum ersten Mal.*
DER ALTE NELKEN *sieht Samuel höhnisch an.*
SAMUEL *verstummt.*
DER ALTE NELKE *wirft hitzige Blicke nach Frau Nelken.* Sarah, mach mer's nich zu bunt, Sarah!
FRAU NELKEN. So bunt wie es aussieht, muss es gesagt sein.
DER ALTE NELKEN *grinst plötzlich Samuel an.* Se will uns versuchen ... Samuel! ... Se will mich versuchen, der ihr Gebieter is ... und se will dich versuchen ... Wonach sehnt sich nicht das Weib, wenn es erst im Käfig is, gehalten wie e Vogel? ... eine Spassmacherin is se ... se singt sich ihre Träume vor sich hin, wie e Lied ... Du derfst nich trauen ... spielen tut se ... singen tut se, wie der Vogel im Käfig zum eigenen Zeitvertreibe ...
FRAU NELKEN. Reden Sie sich das nur ruhig ein, wenn Sie es glauben wollen. Ich bin von zäherem Holze gemacht, als dass ich nur Trug redete, um zu täuschen. Täuschen, das ist Ihr Geschäft. Du denkst, dass es in meiner Seele auch so aussieht, wie in der deinen. Ich berechne nicht. Ich habe keine Zahlen im Sinn. Ich fühle, was ich fühle. Und sage es und will warten. Will nicht bloss sehnen. Will warten ... bis ich den sanften Kuss fühle, der mich küsst ... der mich küsst auf die Wange ... auf die Stirn, auf den Hals ... auf meine Handfläche ... der mich auf meine Füsse küsst, wenn sie nackt sind ... nein nein nein ...

Der alte Nelken starrt die Redende an und liest ihr gierig die Worte vom Munde.

Liebe ist süss wie Honig ... duftig wie Blüten ... aber sie muss auch sein gepanzert ... wie Ritter gepanzert sind ... ein Schwert muss sie tragen und einen Dolch muss sie tragen ... hüten muss sie das Weib, das zart ist ... immer ein Kind und immer eine sanfte Tochter ... einen Dolch muss sie tragen ... nicht, Samuel?

DER ALTE NELKEN *hat die Worte Sarahs mit zitternden Lippen leidenschaftlich mit gesprochen.* »Wie Ritter gepanzert sind ... ein Schwert muss sie tragen und einen Dolch muss sie tragen ... hüten muss sie das Weib, das zart ist ... immer ein Kind und immer eine sanfte Tochter ... einen Dolch muss sie tragen ...«

Er hat dabei nach seinem Dolch gegriffen, erhebt sich nach Sarahs Worten, sieht sie verzehrend von oben bis unten an, streckt sich wie ein Patriarch, wirft einen Hassblick auf Samuel und sagt.

Sarah ... das Essen fort ... Sarah ...

SAMUEL *ist ganz bleich geworden und völlig erschüttert.* Ich begreife gar nicht, was Sie von mir wollen? *Gott der Gerechte, was tue ich denn? Rede ich etwas? Habe ich nicht den ganzen Tag am Pulte gestanden und Ihre Arbeit getan?*

DER ALTE NELKEN. Guck mer in de Augen, Samuel!

SAMUEL *zurückweichend.* Ja ... Gott ... gewiss ... ich möchte nur wissen, wozu das alles noch hintreibt? ... Herr, Nelken verzehrt sich vor Eifersucht, weil sein Weib jung ist ... und weil ich zufällig auch jung bin ... und bei ihm in Arbeit stehe ...

DER ALTE NELKEN. Was sagst de? ... Samuel?

SAMUEL. Diese Eifersucht geht nun jeden Tag. Diese Verdächtigungen gehen nun Tag um Tag ... der Herr treibt die Verdächtigungen weiter und weiter ...

DER ALTE NELKEN *hämisch.* Was sagst de? ... Verdächtigungen sagst de, Samuel?

SAMUEL. Wenn ich hier stehe am Pulte, muss ich schreiben, Stunde um Stunde ... die Finger bluten .... Krampf kriegt man ... Gott der Gerechte ... Wenn wir ein Wort miteinander flüstern ...

Er blickt jetzt pfiffig und wie erlöst Frau Nelken an.

Nicht, Frau Nelken ... was können wir flüstern, was nicht die Menschen tausendmal geflüstert haben ...

FRAU NELKEN *starrt lächelnd ins Leere.*

DER ALTE NELKEN *betrachtet, immer behaglicher von oben bis unten den zornigen Samuel.*

SAMUEL. Aber man kriegt die Sache allmählich satt. Man wird sich nicht ewig in die Gefahr begeben, wenn einen Herr Nelken anblitzt mit seinen bösen Augen. Was reden Sie vom Dolch tragen ...

Er tastet jetzt plötzlich auch nach seinem Dolche.

Herr Nelken und ich, jeder trägt einen an seinem Hosenriemen. Schliesslich werden die Verdächtigungen so weit getrieben, bis man seines Lebens nicht mehr sicher ist ...

FRAU NELKEN *starrt noch immer lächelnd ins Leere.* Nicht, Samuel?

SAMUEL. Ich tue meine Arbeit ... recht und gut ... gründlich. Den ganzen Tag angebunden, wie ein Hund an der Kette ... das will ich tun ... pah, um was? Keine Hand werde ich weiter rühren ... das ganze lächerliche Misstraun ... diese völlig leeren Verdächtigungen ... diese blasse Eifersucht des alten Herrn Nelken soll mich nicht weiter in Wut reizen ...

DER ALTE NELKEN *hat Samuel mit vollen Lippen schmunzelnd angestarrt.* Samuel ... warum wirst de immer zorniger ... wenn es nichts sind als leere Verdächtigungen? ...

SAMUEL *in der Erregung fortfahrend.* Ich sage Ihnen ... zornig bin ich ... und ich werde noch zorniger werden ... Grund habe ich genug, zornig zu sein ... Wenn Sie mir weiter aufspielen, wie Sie jetzt tun, werde ich lieber heute wie morgen hinausgehn aus diesem Hause, verstehn Sie mich, Herr Nelken ... Lieber heute wie morgen können Sie mir den Stuhl vor die Türe stellen ... können Sie mich entlassen, wenn Sie denken, einen Besseren zu finden, wie Samuel ...

FRAU NELKEN *stumm versunken lacht nebenbei.* Nicht, Samuel?

DER ALTE NELKEN *gutmütig.* Geh voran in die Schlafstube ... Sarah ...

Er starrt Samuel zufrieden an.

Was sagst de, Samuel? ... Geh in deine Kammer, Samuel.

Frau Nelken wirft Samuel einen heissen Blick zu, indem sie in der Tür links verschwindet.

SAMUEL *hat fortwährend den Unwirschen gespielt. Er ist jetzt im Begriff durch das Magazin abzugehen, während er seine Worte erregt herausschreit.* Solche lächerlichen Verdächtigungen ... ich werde dieses

Haus lieber heute wie morgen verlassen ... lieber heute wie morgen können Sie mir den Stuhl vor die Türe stellen.
DER ALTE NELKEN *ruft ihm nach.* Samuel! ... Samuel!

Dann steht er allein und lacht vor sich hin.

Eine Spassmacherin is se ... singen tut se, wie der Vogel im Käfig ... ich kenn de Sarah ... hinter der Tir hängt se mer am Halse ...... hinter der Tir kann se gut schnäbeln ... ich kann se nich abstreifen ...

Er ruft ins Magazin.

Samuel! ... Ich wer' der nich kindigen, Samuel! ...

Man hört Stufen emporpoltern.

Ich wer der nich kindigen, Samuel!

Eine Tür fliegt zu.
Der Vorhang fällt.

Frau Nadja Bielew

Tragischer Akt

Personen

Frau Nadja Bielew, geb. Lermontoff.

Frau Generalin Lermontoff.

Doktor Lenoir.

Herr Bielew.

Eine Schwester.

Das Ereignis spielt in einem vornehmen Kurort im Westen.

[Stücktext]

Ein vornehmer Salon mit einer Glastür nach Terrasse und Garten in der Tiefe. In der Mitte des Zimmers ein freier Schreibtisch, etwas quer gestellt, wovor ein bequemer Arbeitsstuhl steht. Ein buntes Schultertuch hängt über die Lehne. Ein grosser Pelzfussack liegt auf dem Bärenfell davor. Auf dem Schreibtisch liegen Zeitungen, beschriebene Papiere, Bücher, ein grosses Buch ist aufgeschlagen, eine leere Vase steht da, ein Liegesofa steht in der Nähe des Schreibtisches. Die Tür rechts führt auf den Hausflur. Die Tür links führt in das Schlafzimmer. Draussen blüht der Frühling. Die Zimmertür nach der Terrasse ist geöffnet.

EINE SCHWESTER *öffnet die Tür von rechts und schaut herein und spricht nach draussen.* Nein, sie ist noch nicht zurück. Frau Bielew ist noch nicht zurück.

EINE SEHR VORNEHME, DUNKELVERSCHLEIERTE DAME *der die Schwester den Vortritt gelassen, ist Schritt um Schritt zögernd herein getreten.* Ich bin nämlich die Mutter von Frau Bielew.

DIE SCHWESTER. Wollen Sie nicht ganz hereintreten und einen Augenblick hier Platz nehmen, gnädige Frau? Oh, die Mutter!

DIE DAME *sich erstaunt umblickend, ohne sich zu rühren.* Frau Generalin Lermontoff.

DIE SCHWESTER. Wollen Sie nicht Platz nehmen, gnädigste Frau Generalin?

FRAU GENERALIN. Gütiger Himmel! Einen Augenblick lassen Sie mir noch Zeit. Ich muss mich erst eine Weile wieder zur Besinnung bringen … Hier hat sie also gelebt? Hier hat also Nadja den Zusammenbruch erlebt? … nach den fürchterlichen Ängsten, die wir haben durchmachen müssen um ihr Leben … Ich bin ganz erschüttert … Nun also … vor eine neue Nadja hintreten oder vor die alte Nadja! … Die qualvolle Unsicherheit der Erwartung bricht mir fast das Herz. Sagen Sie mir doch, liebe Schwester! Sie haben Nadja gepflegt? … von dem ersten Tage an?

DIE SCHWESTER. Sehr wohl, Frau Generalin! Gleich von dem Tage an, als Frau Bielew hier im Hotel erkrankt war … Wohl gleich, als sie von Russland hier angekommen war! …

FRAU GENERALIN *der Schwester ins Wort fallend.* Ja ja ... als Nadja aus Russland fliehen gemusst ... um jeden Preis fliehen gemusst, und sie um jeden Preis nach Paris drängte, um dort ihrem leidenschaftlichen Hasse womöglich nur noch leidenschaftlicher weiter zu dienen ... der unabsehbaren Fata Morgana der Volksfreiheit weiter zu dienen, ihr junges Leben den grausamen Schicksalsforderungen des revolutionären Komitees noch vollends als Opfer hinzuwerfen ... Ach, du himmlischer Gott! wenn Sie wüssten! In solchen Zeiten, wie sie über unser Volk hereingebrochen sind, da werden Kindergemüter zu Feuerflammen ... Wir hätten sie schützen können ... jawohl ... wenn wir sie ganz und gar gefangen gehalten. Aber der Tag war gekommen, wo es mit dieser Einsicht zu spät war ... wo Nadja mit der roten Fahne des Aufruhrs den Haufen rachsüchtigen Volkes führte, und das Bild des Zaren vor aller Augen mit Verwünschungen unter ihre zarten Füsse trat. Da sprühten ihre sanften Augen nur Hass. Sie zischte auf wie eine böse Schlange. Und nicht Vater noch Mutter, noch ihr Mann konnten irgend Gehör finden in ihrem gejagten Herzen.

DIE SCHWESTER. Gnädigste Frau Generalin, Sie sprechen doch nicht ...

FRAU GENERALIN. Von Frau Bielew ... von Nadja Bielew, gebornen Lermontoff, meiner neunzehnjährigen, bleichen, engelsanften, geliebten Tochter.

DIE SCHWESTER *in Gedanken.* Von Frau Nadja Bielew! Man kann sich so etwas wirklich gar nicht denken.

FRAU GENERALIN. Nein nein, ganz und gar nicht!

Sie ist zögernd und betrachtend gegen den Schreibtisch getreten.

Hier hat also Nadja schon wieder alles Mögliche durcheinander getan ... gelesen und geschrieben?

Bei diesen Worten blättert sie in dem Buche, das aufgeschlagen auf dem Schreibtisch daliegt.

Ein volkswirtschaftliches Buch?

DIE SCHWESTER. Ja ja ... sie hat nun Sinn und Seele gefunden, wie sie oft sagt ... Ist es nicht das grosse Werk ... ja freilich, es ist das grosse Werk von Doktor Lenoir ... Oh Gott, tätig ist sie immer.

FRAU GENERALIN. Sagen Sie nur ruhig, immer gewesen, schon mit zehn Jahren. Schon mit zehn Jahren hat dieser brennende Eifer angefangen, hat Nadja zu grübeln und zu arbeiten angefangen ... Und man hat ihr keine Hindernisse bereitet. Man hat sich einfach nicht um sie gekümmert. Das war der ganze Fehler ... Liebe Schwester, sprechen Sie doch! Wie ist sie jetzt? Ist sie sanft geworden, wie sie war?

DIE SCHWESTER *freudig.* Ja ja ja, sie lebt jetzt ganz auf.

125 FRAU GENERALIN. Oh mein Gott, was für ein rätselhaftes Wesen sie immer war! Schon als Kind konnte sie mit Leben und Tod spielen wie mit zwei goldenen Kugeln, konnte es ganz arglos und mit Lachen ... Aber sie konnte sich auch plötzlich zu etwas überwinden und sich ehern entscheiden ... Dann hatte sie eine heisse Flamme in der Seele brennen, die alles Ding und Wesen und Menschen und sich selber vor sich zu Schatten machte. Und wenn es in solchen Augenblicken um Mutter und Vater geschehen gewesen, hätte sie kaum mit den Brauen gezuckt. Wenn es um ihren Mann und ihre Kinder geschehen gewesen, würden nur ihre Augen flüchtig gesprochen haben –: »Was habe ich mit Euch zu schaffen?« und nichts weiter. Solche heissen Herzen haben eine Glut wie geweihte Fackelträger.

DIE SCHWESTER. Aber, gnädigste Frau Generalin! Frau Nadja Bielew ist so unglaublich zärtlich und kindlich jetzt.

Sie ist an die offene Tür nach der Terrasse getreten.

126 Sehen Sie! ... da ... nun glaube ich doch, dass sie es ist, die um die blühende Weide biegt und herkommt.

FRAU GENERALIN *äugt hinter der Schwester scharf mit dem Lorgnon hinaus.* So? ... Gott ... das ist sie?

DIE SCHWESTER. Sie kommt mit Doktor Lenoir vom See.

FRAU GENERALIN. So? ... mit ... Doktor ...?

DIE SCHWESTER. Das ist Doktor Lenoir.

FRAU GENERALIN. Ist das der Arzt?

DIE SCHWESTER. I ... nein ... ein Herr in mittleren Jahren schon ... ein sehr kluger ... ein sehr unzugänglicher Mensch, der auch das Buch da geschrieben hat ... oh ... ein berühmter Gelehrter ... er hat nämlich bei uns auch krank darnieder gelegen ... aber er ist völlig in Genesung begriffen, wie Frau Nadja ... ein ganz abweisender Mensch ... ein bissel unausstehlich manchmal ... ich begreife Frau

Nadja nicht, dass sie an ihm so hinaufsieht ... ein alles verachtender ... alles bemäkelnder Herr ... ich als Schwester kann es ja ruhig sagen ... dem auch seine Pflegerin nichts rechttun kann ... Gott ... er mag wohl viele Enttäuschungen im Leben erfahren haben ... und er, hat auch gelebt ... sicherlich ...

Sie ist einen Schritt hinaus getreten und ruft.

Frau Nadja Bielew! Es erwartet Sie jemand.
NADJAS STIMME *von ferne.* Gott! Gott! Gott!
FRAU GENERALIN. Sehen Sie, wie sie ganz erschrocken ist!
NADJAS STIMME. Um Gotteswillen ... nein nein nein ... wo ich endlich einmal zum wirklichen Leben aufwache.
FRAU GENERALIN *streng.* Was ruft Frau Bielew?
DIE SCHWESTER. Frau Nadja denkt, es wollte sie jemand aus ihren Himmeln reissen.
FRAU GENERALIN. Sagen Sie mir nur ... wer ist der dunkle, schlanke Herr, der mit ihr kommt, und von dem sie sich jetzt so hastig und zutraulich verabschiedet?
DIE SCHWESTER *ist auf die Terrasse hinaus getreten, ohne noch die Worte der Frau Generalin zu hören. Sie ruft in den Garten.* Nein nein, Frau Nadja! Niemand will sie stören. Machen Sie nur ja keine Umstände erst und kommen Sie .... rasch! ... rasch! ... ganz rasch!
NADJA BIELEW *ist leicht wie ein Mädchen den Gartenweg heran gesprungen und überhastend die Stufen herauf gelaufen, wo die Schwester steht und sie erwartet, um sie selber herein zu führen. Nadja ist völlig schmucklos, ganz einfach, aber anmutig gekleidet, ohne Hut, hat nur einen seidenen Shawl lässig um Schulter und Hüfte geschlungen, das Kleid ist fussfrei, kurz wie bei einem Mädchen, die Füsse in Sandalen. Sie hat einen Strauss Blumen in Händen. Noch auf der Terrasse ist sie prüfend stehen geblieben und kommt nur Schritt um Schritt zögernd bis zur Tür heran. Sie sagt kein Wort.*
FRAU GENERALIN *die Nadja ebenfalls zögernd, aber hoch aufgereckt entgegen gegangen ist.* Meine ... liebe ... Nadja!
NADJA *hat plötzlich die Mutter erkannt und greift sogleich ganz hastig und geängstigt nach der Hand der Schwester.* Liebe ... Schwester ... meine Mutter? ... Wie denn? ... Wartet Vater auch draussen? ... Wartet mein Mann auch draussen? ... Kommen sie alle wieder, um mich neu zur Gefangenen zu machen? ... Wollen mich die Augen

meiner Mutter wieder mit Zorn anblitzen ... bis ich ganz demütig bin? ... Will Vater mich neu niederschreien mit seiner harten Stimme? ... Und der reiche, duldsame Mann mich anflehen, dass ich das Glanzstück seines Lebens bleiben soll!? ... Werden Sie mich wieder klein und erbärmlich machen vor mir selber? ... Schwester ... ich muss mich retten, Schwester!

DIE SCHWESTER *hält Nadja fest.* Aber, geliebte Frau Nadja! Sehen Sie nicht, dass Ihre Mutter grosse Tränen weint nach Ihnen.

NADJA *kommt von der Schwester zärtlich geführt langsam und scheu auf die Frau Generalin zu.* Oh ... Ihr himmlischen Mächte! Mutter!

Sie hat der Frau Generalin scheu und kindlich die Hand hingereckt.

Du sollst nicht weinen, Mutter! Ich will auch geduldig sein! Ich werde mir alles anhören! Ich werde kein Wort erwidern ... und alles, was ihr verlangen werdet ...

FRAU GENERALIN. Nein nein ... gar nichts, Kind! Ich **komm**e nicht, gleich etwas zu verlangen. Ich will dir nur erst wieder in die Augen sehen. Ich will nur erst deiner Seele wieder nahe kommen. Ich will erst wieder zu meiner kindlichen, heiteren Nadja kommen. Ich verlange einstweilen gar nichts von dir. Lass mich nur eine Weile stumm neben dir sitzen, wie früher ... und fühlen ... einmal endlich wieder ... dass du mein Kind bist, und ich deine Mutter bin.

NADJA *ganz leise.* Schwester! Lassen Sie meine Mutter ganz allein mit mir! Vielleicht ... ja ... ich habe doch viele unaussprechliche Qualen durchgemacht ... und aus all der Jagd und dem Fieber ist doch eine andere Nadja auferstanden. Wenn wir jetzt ein paar Augenblicke ohne Worte allein wären, sodass wir unsern Atem und unsre Herzschläge heimlich hörten ... vielleicht, dass dann doch ein Frieden zwischen uns auftauchte.

Ganz unvermittelt hart zur Schwester gewandt.

...Ich hatte es Ihnen ja nie gesagt, Schwester, dass ich meine Mutter hasste, seitdem sie mich vorzeitig um Reichtum verkuppelte, und meinen Vater hasste, weil er mein Volk um seines Amtes willen verleugnete ... trotz der elenden Knechtschaft, in der es seufzt und die er so gut erkannte, wie ich und Millionen.

DIE SCHWESTER *ganz erschrocken.* Geliebte Frau Nadja! Tuen Sie mir die Liebe! Was reden Sie da?

NADJA BIELEW *plötzlich kindlich lachend.* Ach Gott! Das **war**... das **war** ich alles früher einmal. Das ist längst untergegangen. Das soll nie wieder kommen. Ich bin aus den Fieberschrecken der Seele neu und klar aufgewacht. Ich habe ein Chaos durchlaufen ... dort in der Heimat ... hier in der Krankheit ... darin es noch ungebundener nachtobte, wie Irrsinn ... Aber das ist alles wie ein Lärmschrecken verweht, dass die Seele sich plötzlich selber hörte ... Nun bin ich ein glücklicher Mensch geworden, Mutter! ... Nun will ich auch weinen ... an deinem Herzen, Mutter! ... Ich will den finsteren Rest Erinnerung, der noch ferne auftaucht, wegweinen ... an deinem Herzen! ... Oh, Mutter ... sieh mich ... jetzt bin ich endlich ganz genesen zu mir selber. Du kommst zu einem keuschen Menschen, zu einem einsamen ganz in der Stille ... der sich um nichts mehr auf die Gosse wirft! ... Du hast wieder nur eine Zärtliche vor dir ... All das Vergangene waren Alpträume ... Schauer, die allen Hass vollends in mir zerbrachen ... Fürchterliches! ... fort ist es! Ich habe mich heute draussen am See bekränzt, Mutter. Es ist Frühling draussen ...

Sie ist mit plötzlicher Wendung an die Glastür nach der Terrasse gegangen und blickt hinaus mit unterdrückter, stummer Bewegung. Es bleibt eine Weile tiefe Stille im Raum. Draussen singt ein Vogel.
Die Schwester gibt Frau Generalin ein leises Zeichen und entfernt sich behutsam nach rechts.

FRAU GENERALIN. Nadja!
NADJA *regt sich nicht.* Frau Generalin. Geliebte, einzige Tochter ...
NADJA BIELEW *wendet sich plötzlich wie arglos zurück.* Ach Gott nein! ... Da habe ich mir in Gedanken ganz diese Blumen zerdrückt, die mir teuer sind.

Sie ist an den Schreibtisch herangetreten und damit beschäftigt den Strauss zu ordnen, und in die Vase zu stellen.

Lege doch deinen Mantel ab, Mama!
FRAU GENERALIN *Nadja's Hantierung spröde betrachtend.* Nein, Nadja? ... Dass du dich jetzt um Blumen so herzlich kümmerst!
NADJA BIELEW. Ich hatte immer nur den Kopf voll flammender Ideen ... nicht? Und den Mund voll flammender Worte. Ich wusste gar nichts anderes, als das gehetzte Volk weiter zu jagen ... und

wähnte immer irgendwo etwas vor mir, wie ein Reich voll Licht und Reinheit ... ein Dunstbild in der Ferne ... dorthin! ... dorthin! ... sollten sie alle getrieben werden! ... Den Widerstrebenden alle Verachtung ... Für die Schönheit der wirklichen Frühlinge und der stillen Sommernächte hatte ich ja nur die ewige Blindheit! ... Oh ... eine Jagd, die mir das Herz zerriss ... Ein Wahnbild aus Rauch, wofür der einzelne weggeworfen ist auf dem Wege ohne Erfüllung ... Nun beginne ich einen andern Traum zu ahnen. Nun beginne ich an die Fülle Leben zu glauben, die in mir ist ... Nun fühle ich mich emporgetragen, ich selber aus der eigenen Tiefe des Daseins ... voll Liebe ... auch zu dir, Mutter! ...

Sie hat die Mutter ängstlich angesehen und sagt hastig und sehr zärtlich.

Was willst du sagen, Mutter?
FRAU GENERALIN. Wenn ich auch deine Worte nicht ganz verstehe, liebes Kind, so scheint mir doch das eine daraus klar, dass du endlich die furchtbare Krankheit deines politischen Fanatismus deutlich erkannt hast ... Dass du endlich deine ideale Verstiegenheit von dir getan hast ... Dass du zum ersten Male mit dir selber beginnen willst ... Und das wäre doch eine Basis, auf der sich eine Zukunft errichten liesse! ... Wo hätte ich denn auf der Herfahrt an eine solche Fügung je zu denken gewagt! ... Ich bin ja doch in zitternder Sorge gleich vom Coupé aus hierher gehastet ... ich hatte wohl noch manch' andre Worte von früher gellend im Ohr, dass du eine geborene Revolutionärin wärst, und dass du keine tiefere Leidenschaft besässest, als deinen Kopf abzugeben, wenn dein Volk es verlangte. Robespierre spukte ja damals in deinem Kopfe.
NADJA BIELEW *die unterdessen in Gedanken wieder an die Glastür getreten war, starrt hinaus und antwortet nicht. Erst nach einer Pause sagt sie.* Wovon redetest du eben, Mutter?
FRAU GENERALIN. Du musst aber jetzt auch hören, liebes Kind! Du kannst dir denken, wie mich die weite Reise tief ermüdet hat ... Und ich bin noch genug erschüttert, dass auch ich alle meine Kräfte zusammenraffe ... für dich ...
NADJA BIELEW. Sei nicht böse, Mama!
FRAU GENERALIN. Ich bin ja doch hierher gefahren mit der verzehrendsten Unruhe, endlich einen Weg für dich deutlich zu erkennen

... auch nur eine kleine Hoffnung für dich und uns ... deutlich zu erkennen! ... Du weisst ja doch sicher, wie es in den Deinen aussieht ... wie es um uns steht ... wie wir heimlich zittern und beben, dich um Gotteswillen nicht ganz von uns zu lassen, dich in unser schlichtes, friedliches Menschendasein neu zurück zu gewinnen ...

NADJA BIELEW *wie aus anderen Gedanken heraus.* Wo sollte das sein? ... Wo denkst du dir das, Mutter?

FRAU GENERALIN *betrachtet Nadjas kindliche, sanfte Art.* Wo hätte ich denn jemals an eine solche Wandlung denken können, an eine solche Milde und stillen, sanften Sinn. Es ist ja wie ein reiner Gottesfriede über dich gekommen, mein geliebtes Kind ... Du stehst ja da, wie ein schüchternes Mädchen ... wirklich ... und ich beginne in meiner geängstigten Seele ... wirklich ... ach Gott ... noch in Petersburg damals ...

NADJA BIELEW. Mutter, nenne mir diesen Namen nicht!

FRAU GENERALIN. Nein nein, ich will von alledem nicht mehr reden. Ich will gar keine Erinnerungen weiter heraufbeschwören. Die Zerwürfnisse mit deinen Eltern und mit deinem Manne sollen jetzt nicht mehr zwischen uns stehen. Das Vergangene ...

NADJA BIELEW. Gott! Gott! Ich habe wirklich alles Vergangene rein vergessen in mir.

FRAU GENERALIN. Ja, du **sollst** es vergessen und begraben in dir! Deine Eltern haben dir voll verziehen. Deine Kinderchen rufen nach dir ... Dein sanfter Mann hatte ja doch immer nur Liebe und Güte, um nicht zu sagen Anbetung für dich. Er würde dich aus einem brennenden Hause herausgeholt haben ... Du kennst ihn ja ... und wenn er dabei zehnmal selber zu Staub und Asche geworden wäre. Er hat dir deine verstiegenen Launen nie angerechnet ...

NADJA BIELEW *hat eine immer scheuere, beobachtende Miene angenommen, plötzlich hervorstossend.* Haben sie dich allein hierher gesandt? ... Mutter ... Bist du allein gekommen?

FRAU GENERALIN *zurückhaltend.* Nein ...

NADJA BIELEW *energisch.* Wer ist mitgekommen? Ist Vater mitgekommen?

FRAU GENERALIN *will Nadjas Hand ergreifen und sie an sich ziehen.* Nadja ... ahnst du denn gar nicht ...?

NADJA BIELEW *ganz gleichgültig.* Ach Gott ja ... ich ahne es wohl ...

139 FRAU GENERALIN. Dein guter Mann läuft die ganze Zeit unten ruhelos auf dem Kiesplatz hin und her ... und wartet nur deines Winkes ...
NADJA BIELEW *geht zur Verandatür zurück, hinausträumend. Nach einer Weile bittend.* Gehe ... einstweilen ... Mutter ...
FRAU GENERALIN *ebenfalls nach einer Pause innerer Erwägung.* Gut ... ich gehe, liebes Kind. Es ist durchaus besser, wenn wir dir jetzt Zeit lassen ... und du uns Zeit lässt. Ein jeder mag sich jetzt erst eine Weile hinstrecken, um sich von der ersten, furchtbaren Angst zu erholen.
NADJA BIELEW. Wo wohnt ihr denn, Mutter?
FRAU GENERALIN. Dein Mann und ich, wir sind unten in dem Hotel am Kurpark sehr gut untergekommen ... Nadja ... wenn ich
140 deine sanfte Stimme höre ... wenn ich dich ansehe ...
NADJA BIELEW *achtlos zärtlich.* Gehe, Mutter ...

Sie streichelt plötzlich der Frau Generalin Gesicht.

Du siehst wirklich totenblass aus, Mutter!
FRAU GENERALIN. Wie soll ich nur anders aussehen, Kind?
NADJA BIELEW *deren Blick sich in diesem Augenblick im Spiegel verfangen hat, hastig.* Wie sehe **ich** jetzt aus, Mutter?
FRAU GENERALIN. Nun, blass genug bist du auch noch immer!
NADJA BIELEW. Nein nein, das meine ich nicht ...

Sie steht vor dem Spiegel und betrachtet sich scharf und verführerisch.

Habe ich noch den harten Blick und die scharfen Linien auf der Stirn und um die Mundwinkel, die der Enthusiasmus der Aufreizung in ein junges Gesicht bringt? Fange ich nicht wieder an, aufzublühen? Du sagtest doch selbst, ich erscheine dir, wie ein schüchternes
141 Mädchen?
FRAU GENERALIN. Ach, du ewig eitle Nadja!
NADJA BIELEW *immer noch vor dem Spiegel.* Nadja Lermontoff hat jetzt eine Frühlingsblüte auf den Lippen und ein Lied in der Seele, ein Schwärmerlied ... zum ersten Male ...
FRAU GENERALIN *in Unruhe.* Ja nun ... Nadja? ...
NADJA BIELEW. Adieu, Mama!
FRAU GENERALIN. Willst du denn nicht deinem Manne wenigstens einen Blick gönnen und ihm einmal die Hand reichen?

NADJA BIELEW. Warum denn nicht? ... Nur bin ich doch augenblicklich sehr ermüdet ... Mutter ...

FRAU GENERALIN *hat jedoch die Tür nach aussen bereits geöffnet und spricht nur eilig zurück.* Nur einen Augenblick ... einen ganz flüchtigen Augenblick, ehe wir beide gleich wieder gehen!

Im nächsten Augenblick ist ein sanfter, sehr bärtiger Herr ohne ein Wort hinter der Frau Generalin eingetreten. Er ist offenbar ganz scheu, fast demütig. Aber in seinen Augen hat er eine strahlende Freude. Er geht behutsam, ein wenig unbehülflich auf Nadja zu. Nadja Bielew steht bleich, aber ganz zurückgenommen, kindlich lächelnd und reicht ihm nur, mehr um ihn abzuhalten von sich, weit die Hand hin. Herr Bielew küsst ihre Hand mehrmals leidenschaftlich. Es wird kein Wort gesprochen.

NADJA BIELEW *ist sofort an die Glastür zurück getreten und blickt in Gedanken hinaus. Dann sagt sie, ohne sich umzuwenden.* Geht jetzt!

FRAU GENERALIN. Und wann willst du, Kind, dass wir wiederkommen, um uns endlich von einer besseren Zukunft zu unterhalten?

NADJA BIELEW. Kommen? ... wer? ... ach, nein nein ... für diese Nacht wäre es doch am Ende ganz zwecklos ... oder ... Gott ja, Mama ... komme nur du gegen die Dämmerung ... Nicht vor acht, Mama! ... Und wenn Herr Bielew wirklich auch noch daran dächte ... später liegt der Garten in tiefem Frieden ... und das Herz wird gewappnet sein ... mit Güte, Mama ... mit eherner, klarer Güte! ... Adieu, Mama!

FRAU GENERALIN. Küsse mir nicht die Hände so inbrünstig, Nadja!

NADJA BIELEW. Ach, Mama, weisst du es nicht, dass ich das schon tat, als ich ein zehnjähriges Mädchen war! Es tat mir oft fast weh ... aber ich liebte diesen Schmerz.

FRAU GENERALIN. Aber du sollst es **jetzt** nicht tun ... um alles in der Welt nicht ... denn ich will mich nicht neu zu fürchten beginnen ... ich will mit ruhiger Hoffnung von dir gehen.

Herr Bielew hat die Tür geöffnet. Frau Generalin tritt hinaus. Hinter ihr Herr Bielew.

NADJA BIELEW *steht in der Tür und ruft nach.* Adieu ... adieu, Mama!

Dann schliesst sie die Tür langsam und geht zögernd bis an die Terrassentür zurück. In Gedanken spricht sie vor sich hin.

»Ich will mit ruhiger Hoffnung von dir gehen!« Oh, ihr gütigen Geister! … Diese Stunde muss über viel entscheiden … muss über sehr viel entscheiden!

In diesem Augenblick hat es an der Tür rechts lebhaft geklopft.

NADJA BIELEW *fast erschreckt.* Da … was ist?
DIE SCHWESTER *tritt herein.* Nun, verehrte Frau Nadja …
NADJA BIELEW *ist an den Schreibtisch gegangen und hat mit Schreiben begonnen.* Was wollen Sie?
DIE SCHWESTER. Ich muss wohl doch jetzt ein bissel für Ruhe sorgen … Gott … liebe Frau Nadja … nur nicht so hastig … nur nicht immer gleich ruhelos werden!
NADJA BIELEW *während des Schreibens gleichgültig nebenbei.* Hat es so den Anschein? … Oh … ich bin es gar nicht … ich bin durchaus nicht hastig … ich bin sehr ruhig jetzt.
DIE SCHWESTER. Aber entsetzlich übertrieben sind Sie manchmal.
NADJA BIELEW *nebenbei.* Oh ja … das kann wohl sein.
DIE SCHWESTER. Ihre Frau Mutter habe ich dabei gradezu bewundert …
NADJA BIELEW *immer noch schreibend.* Nein nein, da haben Sie nur zu recht. Als Kind unterlag ich immer dieser Bewunderung … Oh, eine Mutter … dachte ich.
DIE SCHWESTER. Und das war also Ihr lieber Mann …? … Und Ihre beiden Kinderchen sind doch gewiss auch mitgekommen?
NADJA BIELEW *springt plötzlich auf, zerreisst das Geschriebene in tausend Fetzen, lacht und sagt hart.* Lassen Sie mich in Ruhe jetzt. Ich will schlafen. Ich bin es bedürftig.
DIE SCHWESTER. Aber diese Blumen von Doktor Lenoir … nein nein … Sie sollen keine Blumen hier haben, wenn Sie schlafen. Der Duft erregt Ihre Nerven viel zu sehr.
NADJA BIELEW *stürzt drollig wütend auf sie zu.* Wie … kommen … Sie … mir … vor … dass Sie es wagen …
DIE SCHWESTER *trägt trotz Nadjas Bemühungen den Strauss frischer Blumen auf die Terrasse.* Nein nein, Frau Nadja, hindern Sie mich

nicht ... und ergeben Sie sich in,die Anordnungen, die der Arzt mit aller Bestimmtheit getroffen hat.

NADJA BIELEW *lässt sich drollig verzweifelt plötzlich auf das Liegesofa fallen und liegt mit geschlossenen Augen hingestreckt.*

DIE SCHWESTER *ist bemüht Nadja einzuhüllen.*

NADJA BIELEW *spricht währenddessen mit geschlossenen Augen drollig unwillig.* Nur reden Sie nicht immer dasselbe, wie ein Papagei ... und gehen Sie endlich! ... Machen Sie nicht erst Verdriessliches weiter! ... Lassen Sie das Licht herein oder nicht herein ... Lassen Sie die Tür angeweit offen oder machen Sie sie unnütz zu, dass die weiche Luft nicht herein kann ... meinetwegen ... nur lassen Sie mich endlich, ohne dass Sie wie ein Wächter stehen!

DIE SCHWESTER. Ich schliesse nur die Tür. Die Vorhänge will ich offen lassen. Es ist nicht gut, am Tage bei geschlossenen Vorhängen zu schlafen. Der Schlaf wird zu tief.

NADJA BIELEW *mit verträumtem Blick zum Fenster hinaus.* Da ... diese schnee-schneeweisse, reine Wolke ... kann so unermesslich frei hingehn in der blauen Luft ... ist ganz losgebunden ... Haben **Sie** einen Halt gefunden in diesem Leben, Schwester?

DIE SCHWESTER *einen Augenblick untätig und unschlüssig.* Ich ...? ... Fragen Sie mich ...? ... Mein Gott! wenn man so viel zu tun hat, wie in diesem Hause ... Einen Halt? ... Wie meinen Sie das? ...

Indem sie langsam zur Tür geht.

Ich, ich denke, es ist jetzt besser, dass Sie einen rechten Halt im Schlafe suchen. Denn wenn man richtig ausgeruht ist, dann hat man wieder frische Kräfte. Und das ist der beste Halt.

Sie ist noch einmal prüfend an Nadjas Liegesofa herangetreten, hat das Schlafkissen gerückt, blickt sich sorglich um, unterdessen Nadja mit geschlossenen Augen daliegt, und geht dann geräuschlos zur rechten Tür hinaus. Es bleibt eine Weile Stille.

Draussen im Garten wird ein schlanker, vornehmer, dunkler Herr, schon in reiferen Jahren, sichtbar, der auf die Terrassentür zukommt. Er hat einen englischen Plaid um die Schultern und seine Schiffsmütze lässig in den Nacken geschoben. Er trägt ein paar Rosen nachlässig in der Hand. Er kommt sehr geräuschlos prüfend bis an die Tür und drückt die Stirn an die Scheibe. Er kann zuerst offenbar nicht genau erkennen. Wie er die Schlafende gesehen, will er sich noch leiser entfernen.

NADJA BIELEW *hat seine Annäherung wie gefühlt, richtet sich langsam hoch auf und lächelt lieblich.*

149 DOKTOR LENOIR *hat sich noch einmal umgewandt und sieht sie.*

NADJA BIELEW *winkt stumm und zärtlich mit beiden Händen.*

DOKTOR LENOIR *tritt ins Zimmer ein.* Nein, du ... es hat doch wohl nicht recht Sinn, wenn ich dir jetzt die so notwendige Ruhe störe ... Ich komme *später* ...

NADJA BIELEW *winkt nur wieder sanft und stumm, aber bestimmt mit beiden Händen.*

DOKTOR LENOIR *tritt Schritt um Schritt zögernd, tiefer ins Zimmer herein.* Willst du denn nicht wirklich erst ausruhen jetzt?

NADJA BIELEW *legt ihren Kopf wieder mit geschlossenen Augen zurück.* Lass dein Fragen! ... bitte, lass dein Fragen!

Sie reckt ihm ihre Hand hin.

150 DOKTOR LENOIR *küsst die Hand.* Nadja Bielew Küsse mir auch die Linke.. oder Geliebter.

DOKTOR LENOIR *hat auch ihre Linke Hand geküsst und beugt sich über ihren Fuss, den sie zufällig aus der Decke herausgestreckt hält.*

NADJA BIELEW Sei nicht verrückt, du! Ich mag das jetzt nicht leiden! ... Oh, dass du kommst! ... Setze dich dort auf den Schreibstuhl ... ich werde hier liegen ... so können wir reden.

DOKTOR LENOIR. Aber du sollst nicht reden. Du sollst noch eine halbe Stunde mindestens ganz still liegen.

NADJA BIELEW. Ach, wenn ich nur reden könnte ... wenn ich nur alles sagen könnte, was ich fühle ... den grossen Schmerz, den ich in mir trage!

DOKTOR LENOIR. Was hast du, liebes Kind?

NADJA BIELEW. Ach ... nichts! ...

Sie blickt ihn lange fragend und zärtlich an.

151 Freund ... oder Geliebter?

DOKTOR LENOIR. Du siehst wirklich ganz erschrocken aus ... seit vorhin.

NADJA BIELEW. Nein nein ... davon will ich durchaus jetzt nichts wissen, wenn du bei mir bist ... Ich will nur jetzt einmal endlich eine Sache ganz deutlich fühlen ...

DOKTOR LENOIR. Was ... mein Kind? ... plagst du mich neu?

NADJA BIELEW. Ich will es jetzt nur einmal ganz deutlich fühlen, das glückselige Gefühl ... das Einzige, was ich je besass, noch besitze ... Glaubst du es mir nicht? ... Mein Leben war furchtbar ... vielleicht in der Einbildung ... aber auch im Wirklichen. Jedenfalls kannte ich in meiner Jugend keinen hellen Tag, kein Lachen ohne Schmerzen ... Ich lernte an allem zweifeln und an allen ... Wenn ich oft vom Tode spreche, so ist das kein Spass. Liebe in Nadja Lermontoffs Herzen einmal erkannt, einmal erlebt, ist ein A und O ... und nichts mehr ... Wenn ich sie verlöre ... wenn ich sie einmal aufgeben müsste ...

DOKTOR LENOIR. Was aufgeben müsste? ... weil ich es nicht ganz so fühle, wie du es dir ausmalst ... weil ich ja doch ein Leben gelebt habe ... alles tausendmal erfahren habe ... und nicht mehr brenne und mich erhitze, liebes Kind? ... Aber warum aufgeben müsste? ...

NADJA BIELEW. Oh ... ich mag es nicht sprechen ... ich mag es nicht laut nennen ... Die lauten Worte verletzen meine Seele ... Und nicht fragen, nicht prüfen! ... Ich fürchte mich doch ... Ja ja ... das ist nun ein Unterschied ... die einstige Revolutionärin liebte den Tod ... und die Liebende will leben ...

DOKTOR LENOIR. Liebe Nadja, wir sollten durchaus nicht immer nur solche Gespräche führen ... ich bin gar nicht hier hereingekommen ...

NADJA BIELEW. Nein ... Du hast ganz recht ... man kann es einander doch! nicht zeigen, was in unserm Blute brennt an wirklichem Feuer ...

DOKTOR LENOIR *lachend*. Asche ... Asche.. mein Kind!

NADJA BIELEW *ist aufgesprungen*. Nein ... ich muss dir etwas erklären ... Es peinigt mich augenblicklich so sehr, dass du ewig nur von Eitelkeit redest ... Natürlich bin auch ich eitel ... eitel um mich ... eitel für deine Augen ... eitel für dein Herz ... aus Verlangen, zu blühen und zu leben ... eitel aus dem tiefsten Lebensdrange ... Ich war natürlich auch sonst eitel ... auch als Revolutionärin war ich eitel ... wenn du es eitel nennen willst, was mit Schwärmergefühl nach dem Tode buhlt ... denn der Trieb sich auf die eigenste Weise rein zu vollenden, vielleicht im Leben ... oder auch durch den Tod ... das ist Eitelkeit ... das magst du immer Eitelkeit nennen ... du ... Freund ... oder Geliebter ... sage es mir doch einmal, ob du mich allzu eitel findest?

DOKTOR LENOIR. Du bist darin unheilbar; Nadja!

NADJA BIELEW. Der Tod quält ja doch die Menschen nur durch seine scheinbare Unlogik und Unkonsequenz. Aber in der Revolution bekommt der Tod den Glanz der grossen Freude, den Glanz des kühnen Opfers, den Glanz der Konsequenz. Er bekommt das Verlockende ... Nie kann der Tod Lebensziel sein ... ganz gewiss nicht ... Aber er wird zum letzten Massstabe unsres Lebensgefühls ... er wird zum erlösenden Ende der Tragödie ... er beleuchtet die grossen Visionen, um die Millionen Seelen sich immer wieder neu freudig opfern ... Eine Leidenschaft danach war immer in mir ... wie ein Durst der tragischen Vollendung brannte mich immer ... lag mir immer im Blute ... Das kann natürlich nur bei aktiven Menschen sein ... und bei solchen Menschen, die ein ganz eigenes Leben in ganz reiner Bestimmung nur einmal leben wollen ...

Plötzlich aus der Emphase ganz stumm und sanft werdend, und dann leise.

Ach, sei nicht böse, Geliebter, dass ich immerfort von politischen Dingen spreche ... denn jetzt ist meine Seele von ganz anderem erfüllt und möchte gerne vergessen.

Sie hat sich wieder lässig auf das Liegesofa hingestreckt.

DOKTOR LENOIR *lacht*. Rede nur weiter. Das fesselt mich sehr, was du da vom Tode redest.

NADJA BIELEW *neu leidenschaftlich und achtlos redend*. Eine solche heimlich-fröhlich sich streckende Flamme nach dem letzten seligen Ende ... eine solche Inbrunst zum Opfertode kann natürlich in Leuten wie Bismarck oder Napoleon nicht leben. Napoleon und Bismarck waren gar nicht politische Kämpfer ... politische Götter waren sie ... standen ausserhalb von Gut und Böse ... ausserhalb aller Idee von der Gerechtigkeit, die ihre Bestimmung nur im einzelnen Menschen findet. Sie waren die Schöpfer und Baumeister der grossen, politischen ... dieser grossen, unheimlichen Moloche, die das einzelne Leben in ihre Feuerarme drücken ohne gross zu fragen ... sehr ohne Rücksicht auf die Sehnsuchten der einzelnen Seele.

DOKTOR LENOIR *hat Nadjas leidenschaftliche Rede mit gespanntem Erstaunen angehört.* Famos, Nadja! ... Das ist wirklich ein tiefer Lebensunterschied, den du damit kenntlich machst. Und vielleicht kann man sich das Wesen der Revolution gar nicht besser klar machen, als wenn man eine wahre Epidemie solcher Inbrunst im Durchschnitt eines Volkes annimmt, wie sie in deinem Blute lodert.

NADJA BIELEW *dehnt sich.* Huh ... ja ja ja ... so mag es wohl zu erklären sein. Aber das interessiert mich jetzt im Grunde gar nicht ... Du ... sieh mich an ... ich habe zwei Menschen in mir ...: einen ganz ganz alten ... einen immer trauernden Menschen ... einen, der in jeder Minute zehn Leben verlebte ... und einen lustigen Menschen, das Kind, das immer wieder neu geboren wird.

DOKTOR LENOIR *ist aufgestanden und geht mit den Rosen achtlos tändelnd ein paar Schritte hin und her.* Ja ja ja ... das ist die liebende, leidende Nadja ... wenn man dein Feuerherz brennen sieht ... Gott ....wirklich ... es könnte mich fast froh machen ... jedenfalls beneide ich dich ... Du hast noch allerhand solche Anbetung ... die dir heiss macht ... Du hast noch Leidenschaft ... du hast noch einen Glauben ...

NADJA BIELEW *zärtlich zu ihm aufblickend.* Nur an die Liebe! ...

DOKTOR LENOIR *ohne Acht.* Ja ... hab ihn nur ... ich hab ihn nicht mehr ... ich habe gar nichts mehr derart ... und muss auch weiter kommen

Komisch.

ich erkenne ....diese Welt

Lachend.

sonst nichts ... und weiss, dass in dieser Welt jede Seligkeit in drei Tagen geschmacklos wird!

NADJA BIELEW. Nein, nein, nein, nein ... nur jetzt noch nicht davon, wenn du mich nicht auf einmal ganz verwirren willst!

Sie hat sich plötzlich an ihn gehangen, umarmt ihn und küsst ihn.

DOKTOR LENOIR. Du liebende, leidende Nadja, willst immer nicht diese Wahrheit glauben ... nun gut ...!

NADJA BIELEW *leidenschaftlich.* Liebst du mich nicht? Sage die Wahrheit! Sage, so wie du denkst und fühlst! … Ja! … Ganz bestimmt … in diesem Augenblick musst du es ganz bestimmt sagen … Ich habe nie einen Mann geliebt … nie einem Manne wahrhaft angehört … ausser dir … und in meiner Seele kann es nie eine Enttäuschung geben für dich!

DOKTOR LENOIR. Blitze nicht so mit deinen guten Augen … Nadja … sonst muss ich sie dir zuhalten …

NADJA BIELEW. Sonst bin ich nur eben eine ganz haltlose Seele. Ich habe mich auch; damals nur in Seelenangst hingeworfen, um meinem Leben einen reinen Sinn zu geben. Mein Geliebter, du hast über all die politischen Dinge tiefer als ich nachgedacht. Du kennst die Mächte, die ein Volk heissen, das Durcheinander, die Gewalten, die nicht gut und nicht böse sind. Nur unbarmherzig. Nur ehern. Darin die volle Seele zerrinnen muss, wie ein flüchtiger Tropfen in einem Schwalle …. Jetzt bin ich heissen Lebens. Ich möchte nicht ziellos verlöschen. Ich möchte brennen. Ich möchte Ich sein, weil ich ganz nur du bin. Den Glauben an die grossen, potentatischen Worte hast du mir geraubt. Ich will stumm sein und Leben fühlen. Ich brauche keinen Glauben mehr … weil ich es lebe … weil es dein Leben ist …

DOKTOR LENOIR *kühl.* Du, Liebchen, du solltest wirklich die Dinge vielmehr nehmen wie sie sind!

NADJA BIELEW. Ja … Nicht? … Ich bin dir fast närrisch mit meinen Gefühlen. Ich weiss es ja … Und ich sage dir doch … ich will vergehen auf meinem einsamen Wege, wenn es nicht eine Macht gibt, die absolut ist, warm wie das Licht, klar wie der Himmel, einzig wie die Sonne, ein unverbrüchliches Geborgensein, wie keine Mutter ihr Kind bergen kann, weil sie es hinausgeben muss, keine Blüte ihren Keim bergen kann, weil er ihr entwachsen muss. Nein, nicht entwachsen, nichts davon hinausgeben! Ganz es sein! Ganz es leben! Ein einziges Ich und Du, Du und Ich, das den Frühling weckt, und den Sommer lebt und den Tod … Ein einiges Leben aus der Fülle und nichts zweites, das Du und Ich ist. Es muss da sein … auch in dir. Es ist grenzenlos selig … und es ist der Abgrund des Todes ohne das …

Es bleibt eine Weile still.

Sind die Rosen für mich?

DOKTOR LENOIR *ganz mit Gedanken beschäftigt.* Aber Nadja, du rennst doch immerfort hinter Träumen her. Zu was nur immer solche grüblerischen, quälenden Erörterungen, die dir bloss die Ruhe rauben ... Nun ... mein Gott ... ich sage dir ja, du kannst doch von einem Menschen, wie mir, nicht einen solchen Enthusiasmus der Liebe verlangen ... Du kannst doch von einem solchen Menschen, wie mir, nicht glauben, dass ihm sozusagen das Leben noch den Tod lohnte .... Aber warum nur immer solchen Phantomen nachjagen, die man nicht greifen kann ... und alles so übertreiben? Man braucht doch nicht die Dinge gleich auf die äusserste Spitze zu stellen! ...

NADJA BIELEW *ganz leidenschaftlich sich an ihn hängend.* Liebst du mich nicht? Sage die Wahrheit ... Sage jetzt einmal ganz, wie du fühlst und denkst! ...

Sie hängt mit den Blicken an seinen Lippen.

Ja ... ganz bestimmt! Du weisst es ... ich ... liebe dich ...

DOKTOR LENOIR *arglos lachend, mit leichter Abwehr.* Herrgott, ich liebe dich ja auch, Nadja.

NADJA BIELEW *hat ihn scheu und sanft losgelassen, wirft sich auf die Chaiselongue und verbirgt ihren Kopf in ein Kissen. Dann erhebt sie sich, blickt das Kissen an, und sagt so vor sich hinstarrend.* Meine Mutter ist heute gekommen.

Es entsteht eine lange Pause.

DOKTOR LENOIR. Ja ... was ist es denn zunächst nur mit deiner Mutter? Ich begreife gar nicht ... warum soll sie nicht kommen? Du bist doch kein kleines Kind mehr, das sich vor der Mutter fürchtet?

NADJA BIELEW. Sie sind eben angekommen, und werden alles aufbieten, um mich von hier mit fortzunehmen.

DOKTOR LENOIR. Wohin?

NADJA BIELEW. Vermutlich nach Italien ... vielleicht nach Rom, vielleicht nach Florenz ... was weiss ich?

DOKTOR LENOIR. Wer sind diese »sie«?

NADJA BIELEW. Da ... bitte! ... ich habe eben an dich geschrieben. Dort liegt der Brief.

DOKTOR LENOIR *versucht die zerissenen Zettel, die auf dem Schreibtisch liegen, zusammen zu lesen.*

163 NADJA BIELEW. Wenn du die Seele dieses Briefes noch zusammen bringst, vielleicht bringst du auch noch meine Seele zusammen.

DOKTOR LENOIR. Gott, Kind, da sage mir doch …

NADJA BIELEW. Mein Mann ist auch dabei.

Es entsteht eine lange Pause.

DOKTOR LENOIR *sieht an die Taschenuhr.* Aber, liebes Kind! Ich denke, die Sache mit deinem Mann war doch schon in Petersburg ganz klar.

NADJA BIELEW. Sage nichts weiter! … ja ja! …

Es entsteht wieder eine lange Pause.

DOKTOR LENOIR *kleinlaut, sich ermannend.* Nadja … wir verpassen das Abendbrot … komm, Nadja.

164 NADJA BIELEW *rührt sich nicht.*

DOKTOR LENOIR. Natürlich muss das alles ordentlich überlegt werden.

NADJA BIELEW. Gehe nur im voraus in den Saal hinunter. Ich muss erst meine dumme Aufregung ganz in Ruhe bringen; … Was soll da gross überlegt werden? …

Sie hängt sich plötzlich leidenschaftlich an ihn, küsst ihn einmal lieblich, zärtlich lachend.

Ich brauch dich nichts mehr zu fragen. Ich weiss schon alles … Adieu … mein … einziger … Geliebter!

DOKTOR LENOIR *streichelt sie und küsst sie.* Aber komme bald nach, Nadja … hörst du?

NADJA BIELEW *steht in Gedanken am Schreibtisch, ohne sich zu rühren.*

DOKTOR LENOIR *im Begriff abzugehen.* Wann wollen denn deine Leute kommen?

165 NADJA BIELEW. Ich bin sicher, dass wenigstens mein Mann schon jetzt um den Zaun des Sanatoriums herumschleicht.

DOKTOR LENOIR *resigniert lachend..* So so …!

Er wendet sich noch einmal zurück.

Nadja! ... Nimm es harmlos! Das Leben ist eine Harmlosigkeit. Es ist gar nichts dahinter. Man muss es leben, wie es kommt. Und nur ein wenig vernünftig sich halten. Tue mir den Gefallen, Nadja!

Er geht durch die rechte Tür ab.

NADJA BIELEW *setzt sich abgespannt in den Schreibstuhl, träumt eine Weile vor sich hin und spielt mit einem Ring am Finger. Dann erhebt sie sich, sieht sich um, und geht auf die Terrasse, um den Blumenstrauss herein zu tragen. Sie steht einen Augenblick unentschlossen damit an der Tür. Dann sagt sie vor sich hin.* Nein ... hier auf der Chaiselongue nicht ... ich will mich lieber aufs Bett legen.

Damit trägt sie den Blumenstrauss in das Nebenzimmer. Die Tür bleibt offen. Sie erscheint im nächsten Augenblick wieder. Sie sieht ihr Kostüm von oben bis unten an, und befestigt sich die beiden Rosen an der Brust, die Doktor Lenoir achtlos hatte auf den Boden fallen lassen. Dann ordnet sie sich ihr Haar, und lacht.

Es ist nichts anderes notwendig. Ich werde wie ein liebendes Mädchen daliegen. Es entstellt gar nicht.

Dann setzt sie sich an den Schreibtisch neu heran, schreibt einiges, zerreisst es wieder ruhig, und sagt.

Nein nein ... auch das ist unnütz ... Worte können es nicht mehr tun ... Schmerzen will ich ihm nicht machen ... Adieu ... mein ... einziger Geliebter!

Sie hat wieder mit dem Ring am Finger gespielt und hat ihm dann sorglich ein kleines Oblat entnommen, das sie in der Hand vor sich hält und kindlich lächelnd anstarrt.

So etwas hatte auch immer Napoleon bei sich ... für den Fall, dass er zu sehr in die Enge käme ... Und ich habe ja Lenoir zum Abschied das Wort deutlich gesagt. Es wird ihm lange im Ohre klingen.

Sie führt jetzt das Oblat sorglich zum Munde und sagt.

Adieu ... mein ... einziger Geliebter!

Dann erhebt sie sich plötzlich, rafft die zerissenen Zettel vom Tisch, lässt sie aus der Hand auf die Erde fliegen und sagt.

So zerflattert es.

Sieht sich heiter um, bleicher geworden, auch in den Garten hinaus, geht mit bestimmten Schritten in das geöffnete Nebenzimmer. Von dort hört man noch, dass sie einen Stuhl rückt und sich nieder legt. Es entsteht eine grosse Stille.
Danach sieht man vom Garten her Frau Generalin mit der Schwester kommen. Herr Bielew geht hinterdrein.

FRAU GENERAL. Oh, Sie haben uns einen herrlichen Weg hier heran geführt, Schwester.
DIE SCHWESTER. Kommen Sie nur hier herein, gnädige Frau Generalin. Sehen Sie, die Terrassentür ist nicht verschlossen. Und Sie warten gütigst eine Weile, wenn Frau Nadja noch beim Souper ist.

Sie ist in diesem Augenblicke von der Terrasse, den andern vornweg herein getreten.

Ja … ich dachte es mir schon … dass sie noch beim Souper wäre … Bitte, nehmen Sie doch Platz auf diesem Stuhl … und Herr Bielew, wollen Sie nicht hier …

Sie hat einen zweiten Stuhl heran geschoben. Plötzlich stutzt sie. Sie beginnt die zerstreuten Papierfetzen aufzulesen.

Hier hat sie eben Notizen … oder einen Brief zerrissen … ich weiss nicht … Gott … es fällt plötzlich eine Aengstlichkeit über mich her … obwohl ich durchaus gar keinen Grund wüsste …

Sie ruft.

Frau Nadja … Frau Nadja … Warum steht denn diese Schlafzimmertür halb offen? ….,

Sie ist an die Tür herangetreten.

Nein … sehen Sie nur … sie schläft! … Wie sie nur tief schläft … und aussieht, wie ein liebliches Mädchen …!
FRAU GENERALIN *hat sich plötzlich auch erhoben, und steht ängstlich ins Zimmer hineinblickend. Herr Bielew sieht scheu zur Erde.*
DIE SCHWESTER. Nein nein … sie ist aber so wunderbar still … Das ist ja gar keine Schlummerruhe … Das ist ja ein ganz rätselhafter Frieden, der aus diesem Mädchengesicht redet.

Sie ist plötzlich ins Zimmer gehastet und spricht drinnen.

Gott Gott Gott ... Frau Generalin ... Frau Generalin! ... sie hat ja gar keinen Hauch Atem mehr ... das Herz von Frau Nadja Bielew steht ja ganz still!

Frau Generalin hat sich hoch und staunend, den Blick ins Schlafzimmer gebannt, aufgerichtet.
Herr Bielew hat sich nicht vom Fleck gerührt, sieht totenbleich geworden zu Boden und stöhnt plötzlich laut auf, ohne im übrigen seine Stellung zu ändern.
Der Vorhang fällt.

Fasching

Tragikomödie in zwei Vorgängen

Personen

Meister Tibaldi.

Ranke, seine Tochter.

Tante Christine.

Meister Kropatkin.

Diener Hunger.

Andere Bedienstete.

Die Handlung spielt im Hause des Meister Tibaldi.

Erster Vorgang

Ein reich ausgestattetes, weites Atelier des Meister Tibaldi. Diener sind geschäftig, die Staffeleien und mancherlei Malwerk beiseite zu bergen. Einige sehr helle Entwürfe von phantastischen Aufzügen stehen an der Wand. In der Tiefe sind weite Flügeltüren geöffnet, wodurch man in eine Flucht festlich dekorierter, vornehmer Räume hindurchblickt. Auch da sieht man einige Bedienstete geschäftig. Zur Rechten und zur Linken je eine Tür. Alle Türen sind mit schweren Vorhängen versehen. Liegesofa und schwere Stühle stehen herum auf allerlei Pelzwerk. Innerhalb des weiten Raumes etwas tiefer links führt eine Rundtreppe mit Schnitzwerk in ein oberes Gelass.

Ein kleiner, buckliger Diener, Namens.

HUNGER *schreitet selbstbewusst besichtigend aus den tieferen Räumen heran. Er hat einen leinenen Kittel an und eine blaue Arbeitsschürze vorgebunden. Er ist bis ins Atelier gekommen.* Macht nur bloss, dass Ihr hier im Atelier, fertig werdet. Der Meister kommt schon die Treppen herauf.

Zwei Diener sind gerade im Begriff eine grosse Tafel in einen Wandschrank zu schieben.

HUNGER *steht unruhig dabei.* Herr Jesus, da macht doch nur! Meinetwegen könnt Ihr das übrige noch vollends in Ordnung bringen, wenn sich der Herr für den Fasching anzieht … rasch! … nur rasch! … na ja!

MEISTER TIBALDI *ist von rechts hereingetreten. Er ist ganz achtlos. Er hat eine, beschäftigte, verhärmte Miene, sein bartloses Gesicht ist bleich. In die Diener ist sofort eine Verwandlung zu stummer Devotion gekommen. Sie versuchen auf Zehen zu gehen. Hunger treibt sie verstohlen an.*

MEISTER TIBALDI *der in Pelz, Zylinder und mit Schirm und Galoschen eingetreten ist, geht lässigen Schrittes bis zum Tisch wo er unschlüssig dasteht. Er spricht leise.* Schicke die Leute hinaus! Dass wenigstens hier noch Ruhe bleibt … dass mir wenigstens der Faschingswahnsinn noch diese eine Zuflucht lässt!

Er studiert gleichgültig einige Zettel auf dem Tisch und wirft sie dann beiseite; Die Arbeiter verschwinden in den Nebenraum.

MEISTER TIBALDI. Zum Teufel ... die Vorhänge zu ... nein nein, zuerst die Tür zu.

Er beginnt mit Kreide auf einen Karton eine Frauensperson zu reissen.

Das sanfte, erstaunte Gesicht mit dem kühlen Blick ... und die schlanke Nase ... und der weite Schleierhut ... der Schleier in grosser Schleife gebunden unter dem Kindskopf.

Er hält es Hunger hin.

Da ... wer ist das?

HUNGER *lacht.* Nun ... das werd ich doch wohl erkennen ... Herr Professor.

MEISTER TIBALDI *zeichnet wieder.* Und die Hand raffte das Falbelkleid genau, wie es meine Tochter tut ... ganz genau so ...

Nun meditierend.

Aber es war doch kein Kind mehr. Es war, doch offenbar eine ganz erwachsene Person ... ja ...

Er zeichnet wieder.

Und dieser Mensch, der gerade um die Ecke verschwand ... diese vornehme Kreatur im dicken Sackmantel ... Wer? ... Wie käme denn nur um Gotteswillen Ranke ...? ... Ist meine Tochter zu Hause? Ist Ranke zu Hause?

HUNGER *in arglosem Erstaunen.* Das kann doch gar nicht anders ... glaube doch natürlich ganz sicher ...

MEISTER TIBALDI. Ist meine Tochter zu Hause? ...War meine Tochter zu Hause?

HUNGER *will eilig die Treppe hinauf laufen.*

MEISTER TIBALDI *dumpf und hart.* Gott bewahre ... bleibe hier!

Er hat Hut und Schirm hingehalten, und Hunger hilft ihm gleich danach den Pelz abtun. Er ist in Frack mit Ordensband, tritt an den Tisch heran, und durchblickt einige Karten und Zettel.

Du wirst doch nicht das arme, unschuldige Ding stören mit meinem verfluchten Misstraun!

Er schüttelt sich, als ob er fröstelte, geht hin und her.

Na also ...

Er versinnt sich wieder. Dann plötzlich.

Ah! – fort damit! Blödsinn –! Es ist ja doch der reinste Wahnsinn, den es mir jetzt immer vormacht!

Einiges auf dem Tisch nebenbei betrachtend.

Wie ist es? Wer kommt alles?
HUNGER *selbstgefällig.* Wer sollte denn nicht kommen, gnädiger Herr, wenn bei uns der Fasching ist?
MEISTER TIBALDI. Kommen die ledigen. Weiber?
HUNGER. Nun die, erst recht, gnädiger Herr.
MEISTER TIBALDI *sinnt wieder einen Augenblick auf die hingeworfene Skizze.* Ja mein Gott ... Hast du Tantchen ... hast du dem alten gnädigen Fräulein ausdrücklich ...?
HUNGER *sehr vertraulich.* Dem alten, gnädigen Fräulein liegt viel zu sehr selber daran, unser junges Fräulein Tochter in seinen Schutz zu nehmen, wenn bei uns dieser grosse Ball ist. Die alte, fromme Dame hat ja doch einen zu grossen Widerwillen wider den ganzen Fasching ... weil es zu Choralmusik und Kirchgange nicht stimmen kann, solches Maskengetümmel ... sagte das alte, gnädige Fräulein ... und auch überhaupt, weil sehr viele Gefahren dabei wären für einen reinen, keuschen Menschen ...
MEISTER TIBALDI *hat sich verdrossen in einen Lehnstuhl geworfen, ohne zu hören und besieht wieder den Karton. Für sich redend.* Die Hand raffte das Falbelkleid genau wie es meine Tochter tut ...

Er ist plötzlich in grosser Unruhe aufgesprungen und geht erregt hin und her.

Es könnte mich völlig in Raserei versetzen, wenn ich es erleben müsste, dass so irgendeine freche Lebensgier nach dem jungen, geheiligten Leben meiner Tochter Ranke ... heimlich ...
RANKE *ruft von oben, indes die sechzehnjährige sanfte Tochter Tibaldis langsam die Treppe herabkommt.* Ach, Vater! bist du schon da?

MEISTER TIBALDI *ist wie umgewandelt in Freudigkeit und staunt sie an, wie sie Schritt für Schritt die Stufen etwas ängstlich niedersteigt. Hunger, bepackt mit dem Pelz und Hut des Herrn, geht geräuschlos rückwärts mit dem deutlichen Ausdruck in seiner Haltung, dass er jetzt nicht stören dürfe.*

RANKE *geht auf Tibaldi zu und küsst ihn kühl, während er in seinem beglückten Erstaunen verharrt.* Kommst du vom König, Vater?

MEISTER TIBALDI *hat des Mädchens Kopf jetzt plötzlich in seine Hände genommen und sagt leidenschaftlich.* Meine ... blühende ... reine Ranke!..; mein Kind! ... meine Seligkeit!

RANKE. Gefallen dem König die Bilder?

MEISTER TIBALDI. Welche Bilder, Liebchen?

RANKE. Ist das eine Frage, Vater! Wo du jetzt monatelang nicht Ruhe gefunden! ... Und immer nur ...

MEISTER TIBALDI *ihr ins Wort fallend.* Ja ja ja ... zwischen diesem bunten Farbenkram dich herum getrieben hast! ... Gott, du geliebtes, reines Kindsgemüt! ... Wie glücklich ich bin, dass ich dich leibhaftig vor mir habe, nicht bloss gemalt! ... Findest du es nicht furchtbar lächerlich, dass man als Mann von Geist nichts Besseres tun kann ... immer, nur zwischen solchem Flitterwerk leidenschaftlich hin und her hantiert, das nur Schein und nicht Wesen ist? ... Nicht einmal so wirklich, wie Blumen, die man hier abreisst und dort hinwirft! ... Natürlich gefällt solche Flitterware dem König. Er muss ja auch immer so gleichsam im Fasching leben, wie ich. Es sind überall nur Schatten ohne Leib ... lockende Gebärden ohne Ton und Stimme ... wer es tiefer suchte, der wäre ein Narr ... Ranke ... **das** Leben, das mehr ist ... das auf Tod und Leben gelebt ist ... das sich lohnt ... das mit dem letzten Herzblut gelebt ist ... das mit der letzten Sehnsucht gelebt ist, davon man noch träumen möchte, wenn man im Grabe endlich ausruht ... ach ... in solche ewige Gaukelbilder kriecht nichts davon hinein ... solche tolle Phantasielust hat eine schwache, zerrissene Seele, wie der Harlekin. Das Letzte, das Heimliche, das Stillende dringt nicht hinein in solchen ewigen, leeren Fasching.

Während dieser Worte hat Ranke nur wie nebenbei zugehört und auf dem Tische etwas neugierig betrachtet.

Nicht doch! Ich will nicht, dass du mir hier herumkramst.
RANKE. Warum soll ich mir nur nie ansehn, was du dir ansiehst?
MEISTER TIBALDI *geht unruhig hin und her.*
RANKE. Du willst ja doch ausdrücklich, dass ich immer um dich bin … und schiltst mich, wenn ich einmal eine Minute länger fortbleibe und mich nicht immer gleich um dich kümmere. Wie du da nur böse sein kannst! … Na, ich dächte! … Ich hätte nur jetzt nicht Eier sein sollen … das hätte doch wieder richtig einen Krach gegeben … mit Hunger und mit allen Menschen … Nicht, Vater …
MEISTER TIBALDI *immer noch in Gedanken hin und her gehend.*
RANKE. Ach Gott, Vater! … Was hast du nur wieder? … Warum quälst du mich' gleich wieder, sobald du herein bist? … Oh Gott, Gott! … natürlich, wenn Mama noch lebte …
MEISTER TIBALDI. Mama? …. Sprich mir nicht von Mama! … Dazu bist du noch viel zu unreif … Du weisst, das dulde ich nicht … Deine Mutter war … eine Heilige … jung wie eine Blüte war sie … an Mama kannst du still denken … an Mama will ich und du mit stiller Ehrfurcht denken … an Mama können wir beide emporblicken

Emphatisch.

Wenn deine Mutter, gelebt hätte, wie sie nicht gelebt hat, dann wäre weiss Gott manches anders geworden in unser beider Leben … Oh ja … unbegreiflich schön war sie … eine Hüterin wäre sie gewesen … eine sanfte, sichere Hüterin des Schatzes wäre sie wahrhaftig immer gewesen …
RANKE *ablehnend.* Ich weiss nur zu gut, dass ich mich mit Mamas Schönheit nicht messen kann.
MEISTER TIBALDI. Nein, das kannst du auch ganz und gar nicht. Es kann sich niemand messen mit Mama. Keusch wie eine Blüte war sie. Sie war damals wie eine stille Schönheit in meine ärmlichen Räume eingezogen … damals, als ich nichts war … gar nichts war … ein junger, flammender Mensch einfach, den es nach dem Höchsten drängte … oh, eine Hoheit lebte in ihrer Jungfräulichkeit … eine wunderbare, zitternde Stille … nach nichts Aeusserem fragte die … ach, eine Zärtlichkeit der, Liebe ohne Mass … eine Seele wie ein kristallner Stein, so heimlich funkelnd von ihrer einzigen Hingabe

Mit Emphase.

In ihr lebte das Unverbrüchliche, das nur einmal lebt und nie. abirrt.
RANKE *hat ein paar Schritte der Treppe zu gezögert.* Ich will jetzt gehen, Vater.
MEISTER TIBALDI *zärtlichen, verwandelten Tones.* Bist du mir böse, Ranke?
RANKE. Ach … nein worüber sollte ich böse sein, Vater?
MEISTER TIBALDI Dass ich nur immer deine Mutter preise, die du gar nicht gekannt hast! … die dich gebar und dann hinstarb!
RANKE *kühl lachend.* Ach … ja.. Neues weiter … nun … das ist ja doch nichts
MEISTER TIBALDI. Ranke! Wenn sie jetzt herein treten könnte, deine Mutter …

Er hat Ranke in seine Arme genommen und redet das Folgende im Ueberschwang in ihre Augen hinein.

Liebchen! … Meine einzige Tochter! … Mein Kind! … Meine Jugend! … Meine Reinheit! … Meine göttliche Stimme! … Was würde nur Mütterchen sagen? … Uns beide in ihre jungen Arme schliessen … Denn sie würde natürlich fast so jung kommen, wie du bist! …

Er lacht heiter.

Und würde es wohl sehen … mit ihren stillen, tiefen, unentrinnbaren Augen würde sie es wohl einsaugen, dass du Blut von ihrem Blute und Seele von ihrer Seele bist … dass du mein Himmel geworden bist … meine Huld … mein einziger Frieden … die einzige, wahre Gabe meines Lebens. Denk bloss, unser Mutterchen, die in voller Jugend käme … wie eine Heilige … in unverwelklicher Reinheit und Keuschheit, wie sie immer gewesen …

Leicht widerstrebend hat sich Ranke aus ihres Vaters Armen sanft gelöst.

MEISTER TIBALDI. Warum errötest du, Kind?
RANKE. Ich …? … Vater?
MEISTER TIBALDI. Bis unter deine blonden Haarwurzeln an der Stirn errötest du.
RANKE. Weil du mich drückst, wie ein toller, Liebhaber … und mir fast wehe tust damit und mit deinen inbrünstigen Geständnissen …

Es hat an der rechten Tür leicht geklopft.

MEISTER TIBALDI. Ja ja … nur herein!

TANTE CHRISTINE *ein graugescheiteltes, leicht gebücktes, sorgfältig und fromm gekleidetes, altes Fräulein, mit sanftem, ehrwürdigem Gesicht, ist etwas asthmatisch eingetreten.*

MEISTER TIBALDI. Ach … guten Abend, liebe Christine!

RANKE *für sich.* Da kommt natürlich sehr, zur rechten Zeit diese alte, fromme Huzel.

TANTE CHRISTINE. Elf … zwölf … dreizehn … vierzehn …! Wieviel Stufen sind es bis zu euch herauf …? … die mir immer, sauer genug werden … auch diese schönen, flachen ….vornehmen Stufen durch euer herrliches Treppenhaus. Guten Abend, Tibaldi, guten Abend, Ranke!

RANKE *steht unschlüssig, ohne jedes Entgegenkommen.*

MEISTER TIBALDI. Nun? … Willst du nicht Tantchen begrüssen … Ranke, wie es sich gebührt?

RANKE. Warum kommt sie eigentlich jetzt?

MEISTER TIBALDI *gibt Tante Christine einen Wink.*

TANTE CHRISTINE. Nun möchte ich nur wirklich wissen … Du Unband! …

RANKE. Grade jetzt, zwei Stunden vor dem Balle?

MEISTER TIBALDI. Gehe in dein Zimmer, Ranke! Denn ich habe mit Tantchen etwas Wichtiges zu besprechen.

RANKE. Da sagt es mir doch wenigstens gleich grade heraus und spielt nicht ewig solches dummes Verstecken mit mir! Ich soll wieder hinaus gebracht werden! Nicht? Die jungen und alten Künstler werden sich in unserm Hause ein Fest machen, und ich soll mit Tante Christine gehen, die mir von Jesus, dem Heiland, und Maria Magdalena und Maria Jakobi vorlesen und fromme Ostergeschichten erzählen soll.

MEISTER TIBALDI *emphatisch entrüstet.* Herrgott … Kind … wenn ich es noch einmal so **haben** könnte! Gleich ein ganzes Arom sonntäglichen Geistes strömt mit deinen Worten herein! Wenn ich sie mir denke, die beiden, jungen, in sich verklärten Frauen, wie sie zu Jesu Füssen sassen, … wie sie sich seinem milden! Blick und seinem sanften Gespräch ganz hingaben!

RANKE. Ach … ich lasse mir durchaus nicht gern immerfort nur Hirngespinste vormachen.

MEISTER TIBALDI *streng erregt.* Ich bitte dich, Ranke, mache mich nicht nervös! … Es ist doch weiss Gott besser, sich in solche traumhaft-schöne Vergangenheit zu vertiefen, als in die verwilderten Launenspiele beim Fasching! … Ranke … für deine Jugend!

TANTE CHRISTINE. Ich werde dir sagen, liebes Kind! Es ist ausserordentlich sonderbar von dir, wie du deinen guten Vater und deine alte Tante behandelst. Wenn ich an deine selige, reine Mutter denke …

RANKE *geht zu Tibaldi hin, zögert und sagt demütig.* Sei nicht böse, Papa! Ich will tun, was du willst.

MEISTER TIBALDI *sie lange stumm betrachtend.*
　Ranke

Er reicht ihr die Hand.

　Hab Dank, mein Kind! …

RANKE. Bist du wieder ganz gütig, Papa?

Sie küsst seine Hand.

MEISTER TIBALDI. Nun sage ich nichts weiter! … Jetzt weiss ich es wieder, dass du deiner Mutter Tochter bist!

RANKE *unerwartet ausgelassen, während sie schon nach der Treppe geht.* Ich vergebe dir auch, mein liebes, kleines Tantchen!

TANTE CHRISTINE *ihr nachrufend.* Mach dich nur aus dem Staube, lose Hummel! Und sorge du nur hübsch für die Nacht! Denn du wirst ja doch natürlich die Nacht bei mir drüben bleiben müssen.

Ranke ist die Treppe hinauf verschwunden.

MEISTER TIBALDI *eindringlich, nachdem er Ranke solange liebevoll nachgestarrt hatte, bis sie verschwand.* Jetzt geht sie gern mit dir. Wenn sie erst mit den Augen zwinkt, und ihre feinen Nasenflügel zittern, da ist ihr Herz ganz gewonnen.

TANTE CHRISTINE *drollig wehmütig.* Ja ja … ach Gott … du bist auch ein bissel ein Narr, lieber Tibaldi!

MEISTER TIBALDI. Natürlich … eben … ja … das ist es ja, liebe Christine …

TANTE CHRISTINE. Aber ich kenne auch deine Schmerzen ... ich kenne auch deine Sehnsucht.

MEISTER TIBALDI. Also ... und sie mögen alle da wider reden ... alle es mir verdenken, dass Ich Ranke wie im Kloster halte ... ich weiss, was ich weiss ... ich kenne die Welt genug ... dazu bin ich selber zu verwahrlost ... Wie, liebe Christine? ... Was die Welt fertigbringt mit einem jeden von uns, das hat schon mancher Erfahren ... ha ... ich brauche bloss in meiner Freunde Augen einmal tiefer hineinzublicken ... in jedem brennt noch das alte, sengende Höllenfeuer, vor dem nie»die keusche Seele sicher ist ...

Er ermannt sich, weil man von oben auf der Treppe Schritte hört, und sagt eindringlich.

Du behütest sie mir, Christine!

Ranke kommt die Treppe, zum Ausgehen bereit, langsam hernieder. Sie iat ein wenig auffällig, sehr geschmackvoll und wie eine Erwachsene gekleidet.

MEISTER TIBALDI *sie drollig anstaunend.* Oh ... pique-fein! ... Nicht, Christine? ... Sie versteht es ... Diesen Hut kenne ich ja noch garnicht.

RANKE *einen Blick in einen langen Spiegel werfend.* Er ist auch noch ganz neu, Papa. Ich trage ihn heut zum ersten Male. Adieu, Vater.

Sie hält ihm ihre Hand hin, die Meister Tibaldi wie einer grossen Dame küsst.

MEISTER TIBALDI. Adieu, Christine!
TANTE CHRISTINE. Adieu, lieber Tibaldi!

Im Abgehen begriffen.

MEISTER TIBALDI. Hab Dank, Liebchen! Hab Dank, Christine!

Die beiden Damen sind nach rechts verschwunden.

MEISTER TIBALDI *der lange in Gedanken dagestanden hat und wie in sich hinein gelauscht, redet vor sich hin.* Meister Tibaldi!

Er redet jetzt in den grossen Spiegel hinein, indem er seine Gestalt zufällig erblickt.

Armes Phantom ... Mensch der schwankenden Lüste ... Mensch der grauen Alltäglichkeit, der sich seine Leere mit bunten Maskeraden tapeziert ... der nirgend einen Halt hat, als noch in dieses einzigen Weibes Ebenbilde ... in diesem Kinde ... in dieser keuschen Pracht ... in diesem Morgenschein ...

Ohne anzuklopfen ist von den Festräumen her Meister Kropatkin geräuschlos von rückwärts an Tibaldi herangetreten.

MEISTER TIBALDI *streckt seine Rechte, ohne sich im Uebrigen zu rühren, noch umzublicken, Kropatkin nach rückwärts und sagt lachend.* Guten Abend, Freund.

MEISTER KROPATKIN *ihn, achtlos betrachtend.* Was phantasiertest du eben?

MEISTER TIBALDI. Ich weiss es nicht mehr. Es war wirklich. Aber es gehört nicht hierher.

MEISTER KROPATKIN *sieht sich dann und wann wie suchend und unbefriedigt nach oben um.* Ja ... famos sind deine Räume ausgeschmückt! Ich bin eben als stummer Betrachter vom hintersten Zimmer her einsam durchgegangen. Wie bist du nur da auf den heiligen Hain verfallen? Diese Birkenstämme hereinzuschaffen, das hat doch ein unsinniges Geld gekostet?

MEISTER TIBALDI *ist aus seinem Meditieren noch nicht erwacht.*

MEISTER KROPATKIN. Warum bist du denn schon im Frack?

MEISTER TIBALDI. Ich kam eben vom König.

MEISTEN KROPATKIN. Ach, das ist mir jetzt ganz egal. Ich wollte dich ... eigentlich ... fragen ...

Immer wieder zögernd.

Nein, famos ist der heilige Hain ... du ... da stellen wir eine nackte Göttin hinein ... was meinst du? ... Ruth ... deine polnische Königin ... brillant ... mit ihrer Haltung, wenn die Akt steht ... schlank wie ein Blumenstengel ... und der Kopf wie der geknickte Blütenkelch.

MEISTER TIBALDI. Ja ja ja ja ... wegen was kamst du? ... Suchst du wen?

MEISTER KROPATKIN. Wieso? ...

MEISTER TIBALDI. Ja natürlich ... Ruth ... gewiss ... meine polnische Königin! Mag in dem heiligen Hain als nackte Göttin paradieren, wer will, meinetwegen dein Weib ...

MEISTER KROPATKIN. Du bist wohl verstimmt?
MEISTER TIBALDI. Jedenfalls doch eine, die für das Nackte à tout prix so begeistert ist, wie dein Weib.
MEISTER KROPATKIN *lacht*. Mensch, was vermöchtest du als Künstler ... du, mit deinem ewigen Eldorado voller Nuditäten ...?
MEISTER TIBALDI. Ich will mich über diese Frage mit dir nicht weiter unterhalten. Augenblicklich widersteht es mir.
MEISTER KROPATKIN. Weisst du, Tibaldi, beleidigen kann jeder.
MEISTER TIBALDI Herrgott ... ich will dich nicht beleidigen.
MEISTER KROPATKIN. Ja aber, was willst du dann mit deinem Hohne?
MEISTER TIBALDI. Gar nichts! ...

Er geht beschäftigt hin und her.

Du weisst sehr wohl, dass ich das Nackte ...
MEISTER KROPATKIN *drollig*. Na?
MEISTER TIBALDI. Anbete!
MEISTER KROPATKIN. Ja ... weiss Gott!
MEISTER TIBALDI. Nein nein ... in diesem frivolen Sinne durchaus nicht ... das keusch verhüllte Nackte ...
MEISTER KROPATKIN *lacht*.
MEISTER TIBALDI *sehr feierlich*. Das rein ist und rein bleibt bei seiner Enthüllung ...
MEISTER KROPATKIN. Rein? ... so?
MEISTER TIBALDI. Ja ... wenn es der wahre Künstler ...
MEISTER KROPATKIN. Ha ha ha ... der wahre Künstler ...
MEISTER TIBALDI. In der Weihe seiner Sinne ...
MEISTER KROPATKIN. Ha ha ha ...in der Weihe seiner Sinne ...
MEISTER TIBALDI. Enthüllte. Warum lachst du? – Der Künstler will es darstellen als höchstes, edelstes Lebensmass ... nicht? ... Das hat wahrhaftig nichts zu tun mit eurer billigen Nacktheit, die sich lüstern vor aller Blicken gebärdet ... und die jeder Beliebige mit losen Sinnen betasten kann, wie die Bürgerfrau die Semmel im Marktkorbe betastet, um sie wegzutun und die daneben zu probieren!
MEISTER KROPATKIN. Sehr gesunde Grundsätze! Gegen was redest du eigentlich? Was hast du, Tibaldi?
MEISTER TIBALDI. Ach – ich habe in diesem Augenblick einen runden Widerwillen ...

MEISTER KROPATKIN. Gegen was …? … gegen den Fasching?
MEISTER TIBALDI. Gegen die Kunst … gegen dich … gegen alles, was wir betreiben … anstatt das Mysterium zu hüten! Ich habe nun einmal die Inbrunst im Blute … ich will das Leben für mich aus der eigenen Tiefe heraus … ich will es … noch einmal ganz rein, wie es in den höchsten Augenblicken verheissen scheint … wie es aus den Grossen gesprochen hat … wie es aus deren gewaltigen Visionen gesprochen hat … aus Michelangelos Urleibern … aus der Fünften, aus der Neunten Beethovens gesprochen … wie es aus diesen einsamen, grossen, aus sich berauschten Seelen gesprochen hat … während es euch alle nur kaum noch als verhallendes Echo narrt …
MEISTER KROPATKIN. Du übst dich wohl schon in der Faschingsmaske des Lebensverächters … Gott … du … das Rennen habe ich wirklich aufgegeben.
MEISTER TIBALDI. Ach, Kropatkin … ja ja, du bist anders … du lebst … du bist immer nur Gegenwart … du erfüllst die Stunde mit deinem Tun … bearbeitest den harten Stein, bis du hungrig oder lüstern oder müde bist … du bist nicht an die Zukunft, noch weniger an die Vergangenheit genagelt wie ich …
MEISTER KROPATKIN *beim Gehen mit dem Blick über den Tisch streichend.* Adieu, mein Lieber …

Nun von etwas unerwartet angezogen.

Donnerwetter … Ellinor! Wo hast du denn das Bild her? Hast du etwas gehört von Ellinor?
MEISTER TIBALDI *der in Meditationen, den Kopf in den Händen dagesessen.* Ellinor … wo Ellinor? … Herrgott! Gib doch her.
MEISTER KROPATKIN *betrachtet die Photographie.* Ellinor … allein diese Façon vornehmen Lebens … ihre Freiheit … der ganze grosse Zuschnitt … und diese Grazie bei ihrer königlichen Tollheit … und hart war sie, wie eine Parze … und konnte auch so süss melancholisch sein, wie eine Mutter der Tränengärten …
MEISTER TIBALDI. Herrgott … gib doch her!
MEISTER KROPATKIN *das Bildchen aus der Hand lassend.* Da …

Immer noch unschlüssig zögernd und wie absichtslos nach der Treppe oben blickend. Dann entschlossen.

Na, adieu …
MEISTER TIBALDI. Adieu!
MEISTER KROPATKIN. Ich komme pünktlich. Mein Weib hat sich einen extra Wagen bestellt. Sie will auch von mir ungekannt erscheinen.
MEISTER TIBALDI *vor sich hin brütend mit der Photographie in der Hand.* Kropatkin … wenn Ellinor heute dabei sein könnte l
MEISTER KROPATKIN *während er noch einmal Schritt um Schritt ins Zimmer tritt.* Natürlich! … Der Mensch kann nicht ewig feierlich sein. Er kann auch nicht ewig tief sein. Er kann auch! nicht ewig moralisch sein. Aber das ist eine Sache für sich. Natürlich ist das ganze Leben ein Wahnsinn … eine blöde Maskerade … ein zielloses Verwandlungsgeschäft … jetzt ein Geisselbruder … dann ein Faun, der Büsserstrick und Büsserkutte abwirft … oder hier eine Heilige, die dort vor bacchantischem Lachen platzen möchte … pah … adieu.

Er ist wieder bis zur Tür gegangen.

Ja, was ich dich noch fragen wollte … du wirst es doch Ränke heut erlauben, dass sie wenigstens die ersten Stunden des Spasses mitmacht.
MEISTER TIBALDI. Ich bitte dich inständigst, nenne mir in dieser Verbindung jetzt nicht mehr den Namen Ranke!
MEISTER KROPATKIN. Na … nochmals adieu! Ich gehe mich jetzt auch maskieren. Den Mantel irgendeines sentimentalen Tiefsinnes mir um die nackten Lenden hüllen. Vielleicht, dass sich unsre edlen Seelen dann wieder ganz erkennen.
MEISTER TIBALDI *schüchtern für sich.* Mein Gott … ich bin wahrhaftig heilsfroh, dass mein geliebtes Mädel in Tante Christines Schütze ist.
MEISTER KROPATKIN *im Abgehen.* Ich nicht … Aber das tut nichts … Mir wäre sie hier lieber! … Adieu!

Der Vorhang fällt.

Personen

Meister Tibaldi in Maske des Lautenspielers.

Ranke als Maske.

Meister Kropatkin, im orangenen Frack.

Diogenes, Maske.

Herr mit Ordensband, Maske.

Märchenprinzess, Maske.

Zigeunerin, Maske.

Don Quixote, Maske.

Dame in Trauerballett.

Dame mit Diadem.

Diener Hunger als Maske.

Allerlei Masken, Diener usw.

Der Abend spielt im Hause des Meisters Tibaldi.

Zweiter Vorgang

Im Atelier des Meister Tibaldi. Die Flügeltüren nach den tieferen Räumen sind weit geöffnet. Man sieht in erstrahlendes Fest. Man hört aus einem entfernten Saal feine Streichmusik. Man sieht in ein Durcheinander von Masken. Das Atelier ist zuerst selbst leer.

Diener Hunger als Ritter in Harnisch maskiert, ohne Gesichtsmaske, steht stumm wie eine Statue am Türpfosten. Eine junge, schlanke Frauenmaske in Silberflittern, mit gelöstem Blondhaar, eine Märchenprinzess, ist ins Atelier hereingehuscht, hinter ihr drein ein Herr mit einem breiten, purpurnen Ordensbande über Frack und weisser Weste, einen silbernen Flitterstern an der Hüfte hängend. Sie jagen einander. Die Dame hat sich auf das Liegesofa geborgen. Der Herr kniet davor.

DER HERR MIT ORDENSBAND. Ach ... bitte ... bitte ... bitte ... Ich muss unbedingt deine Hand sehen ... Herrgott, sei doch vernünftig ... gib doch die Hand ... gib mir doch deine Hand her, ... mit der kleinen Warze am Gelenk die ... die Linke ...
DIE DAME *sträubt sich, ohne einen Laut zu geben.*
DER HERR MIT ORDENSBAND. Ih ... gar nicht dran zu denken ... du kommst nicht los ... nun gar nicht, wenn du mich kratzt ... Gott ... ich zerreisse dir noch den Handschuh womöglich ...
DIE DAME *versucht mit aller Kraft die Hände des Herrn von ihren Händen abzustreifen.* Der Herr mit Ordensband Gib wenigstens einen Laut von dir, Flitterprinzessin! ... Gib wenigstens ... das wollte ich doch sehen ... einen Seufzer sollst du von dir geben, Flitterprinzessin! ... Willst du nicht wenigstens jetzt ein einziges Wort flüstern ...
DIE DAME *plötzlich gequält und drollig zornig, indem sie sich losmacht.* Gott, Gott ... nur fort ... das wäre noch das Allerletzte ... Das tut ja weh ...
DER HERR MIT ORDENSBAND. Ich blase es ... oh ... oh!
DIE DAME. Ich habe deine Roheit dick ... versteh mich.
DER HERR MIT ORDENSBAND *spielt den begossenen Pudel.* Hahahaha ... ich Narr ... ich war, von Sinnen ...
DIE DAME *lacht toll.* Du suchst doch eines andern Weib ... Sieh' her ... ich habe am Handgelenke keine Warze, wie deine Buhlerin ... auch an der Hüfte nicht ... ih, Gott bewahre ... ich bin noch nicht

vermählt ... ich bin noch keusch ... ich buhle mit dem Winde ... ich buhle mit den Göttern, wie Danae ... ich buhle mit dem Schwane, wie die Leda ... ich bin noch nicht gemein, wie die, nach der du rumirrst!

Sie ist unter diesen Worten mehr und mehr in die tieferen Räume zurückgegangen, von dem Herrn gefolgt, der toll hinterdrein lacht.

DIOGENES *ein in graue Lumpen gekleideter, barhäuptiger Mensch, das Gesicht von einer lachenden Larve bedeckt, schreitet von einigen Masken umgeben, an jenen Beiden vorüber. Er trägt an einem kurzen Stabe, wie an einer Angelrute, eine grosse brennende Laterne. Er leuchtet drollig über Dame und Herrn. Vor sich hinsprechend, indem er nun Schritt um Schritt weiter vorkommt.* Nein nein ... hier finde ich es sicher nicht ... obwohl ich sehr bedächtig danach forsche ... und mir das Suchen an sich schon geradezu einen tollen Spass macht.
EINE DAMENMASKE *ruft.* Was sucht Ihr denn, Herr Philosoph?
DIOGENES. Ih, Gott ... wie meint Ihr das ... was ich hier suche, verliebte Dame? ... hört einmal ... Wenn ich zum Beispiel die üble Nachrede suchte ... ach Gott, alle Nachrede ist übel ... es gibt überhaupt nur eine Nachrede ... die ist übel und die macht übel ... denn selbst wenn die Nachrede gut ist, ist sie es nur als Vorrede ... und scheint nur nicht übel, um einen andern als desto grösseres Übel hinzustellen ... das fliegt wie dichte Spreu in allen Stuben und in allen Strassen herum ... und sammelt sich wie Haufen welker Blätter im Herbste in allen Winkeln an. Nein, mein Herr, das wäre mir zu wohlfeil ... und ausserdem verscheucht mich der üble Geruch ... Oder wenn ich zum Beispiel die hohen Ideale suchte, die in den Köpfen herumfliegen, wie Nebelschemen, und die dann aus den Köpfen auf die Leinwände gemalt werden ... und in Stein gehauen werden ... oder sonst Gestalt gewinnen ... man nennt so etwas dann poetische Gestalt gewinnen ... bei Zeus und Aphrodite! ... zu Tausenden stecken sie in allen Galerien und Museen ... und Bibliotheken ... man könnte sie zusammenkehren zu Bergen, wie die Küchenreste ... oh ... das sind Schätze ...! ... Mit dem tausendsten Teil könnte man weiss Gott ein ganzes Volk wieder auf Seel und Beine bringen ... Aber das ist nicht meines Amtes ... Zum Schulmeister bin ich nicht gemacht ... Zum Prinzenerzieher auch nicht ... Zum Volksredner erst recht nicht ... Und ausserdem sind die zehn Gebote

schon seit mehr als viertausend Jahren bekannt, und werden immer noch nicht gehalten … Ja, lieber Herr und verliebte Dame, denken Sie bloss die Millionen Richter und Büttel und Henker, die in dieser langen Zeit fortwährend gerichtet und gebüttelt und gehenkt haben, was sich nicht nach den zehn Geboten richten gewollt! … Man könnte dreist verzweifeln an diesem Geschäft …Nein nein nein … da schreit auch viel zu viel durcheinander … die Konkurrenz ist zu gross … in dieser Zeit der zehntausend neunhundert und neun und neunzig Propheten … wer; soll denn da noch wissen, auf welchen Propheten er zu hören hat! … das scheucht mich … Ich suche, was doch niemand finden kann … Kinder im Mutterleibe sollen es besitzen.., am frühen Maitage eine schnee-schneeweisse Kirschblüte, die eben ins Morgenlicht aufbricht, soll es besitzen … manchmal ist auch schon darein der Wurm gekommen … Er hat einen heimlichen Schlupf entdeckt … Sehen Sie … wer weiss denn das alles? … Wer kann denn immer die Wege wissen, die ein Wurm findet …

Unterdessen ist ein Bergamaske, ein Hirt mit Laute, von Masken umkreist, hereingekommen. Die Tanzrhythmen in der Ferne sind verstummt. In seinem rechten Arm hängt lose eine Zigeunerin. Im Linken eine Maske im Ballettkostüm in tiefen Trauerfarben.

DER BERGAMASKE *singt melancholisch und sehnsüchtig zur Laute.*
»Votre âme est un paysage choisi
Que vont charmant masques et bergamasque
Jouant du luth et dansant et quasi
Tristes sous leurs déguisements fantasques.«

Er schreitet durch das Atelier und um den Tisch, die ganze Schar um ihn in heiteren Gebärden. Diogenes geht fast als Letzter sehr heiter hinterdrein, drollig von hinten die Frauenmasken überleuchtend.

DIE BALLETTMASKE *neben dem Bergamasken ausgelassen.* Verrückt ist der … betrübt … anmasslich … toll … frech quält er jede … die sich ihm ergeben … mit Brand … mit Eifersucht … mit kaltem Hohn … Verachtung … Dünkel … Kleinmut … was ihr wollt.

Das melancholische Singen des Bergamasken überklingt die Worte. Die Schar schreitet wieder aus dem Atelier in die tieferen Räume.

DER DIENER HUNGER *der so lange alles stumm und regungslosen Blickes an sich hatte vorübergehen lassen, schlägt sich plötzlich wie ausgelassen aufs Knie, ein paarmal, wendet sich ab, kichert in sich hinein und sagt vor sich hin.* Das war er ... das war der Meister ... grossartig ... das war doch echt ... ein solcher Ton alleine ... dieser Gesang vom Meister ... der zieht einem gleich die ganze Seele raus ... ich könnte weiss Gott heulen ... nein verflucht ... das ist wahrhaftig eine Träne ... und warum?

213

Musik und Leben drängt sich in den Nebenräumen von neuem. Der Diener Hunger hat sich wieder zur Statue zusammengerückt und steht neu unbeweglich, als sich von der oberen Treppe ein Geräusch hören lässt und eine weibliche Maske Schritt um Schritt zögernd herniedersteigt. Sie ist in ein graues Tuch bis über den Kopf eingehüllt. Blickt hinter einer grauen Seidenmaske. Sie steigt zögernd und doch hastig hernieder.

DER DIENER HUNGER *ist aufgeschreckt, scheu der Maske näher getreten.* Wer ist es denn? Wer ist es denn nur um Gotteswillen ... wer denn?

DIE MASKE *lacht klingend und kühl auf. Dann breitet sie plötzlich, indem sie auch ihre Gesichtsmaske hastig einen Augenblick vom Gesicht nimmt, das graue Tuch wie Flügel auseinander. Man sieht, dass sie ein orientalisches loses, freies Gewand trägt, Kopf, Hals, Arme und Fussgelenke mit mancherlei Schmuck und goldenen Ketten behangen. Sie hat ebenso lautlos das graue Tuch rasch wieder umgelegt.*

DIENER HUNGER *ist völlig erstarrt in ihren Anblick.* Nein nein nein ... unser Fräuleinchen ... Jesus ... wo kommen Sie denn her, Fräuleinchen? ... was soll man denn dazu sagen? ... des Meisters Lebensmedizin! ... des Meisters Allheilmittel ... wenn er Sie hier bloss sieht, er stirbt vor Schrecken ... er stirbt vor Gewissensbissen. Das könnte ihn umbringen, Fräuleinchen!

214

RANKE *leidenschaftlich gespannt in das Fest horchend.* Ach ... es zieht mich wahnsinnig ... es zieht mich wahnsinnig ...

DIENER HUNGER. Jesus, Jesus, wie sind Sie denn nur vom alten Tantchen weggekommen? ... Da hat Sie Meta doch heimlich fortgelassen, während Tantchen schläft ... die Mädchen stecken aber wirklich alle unter einer Decke ... Sie können doch gar nicht hierbleiben ... noch gar, wo Sie dieses Kostüm anhaben, worin der

Meister voriges Jahr das schöne Frauenzimmer ... diese Miss ... diese sehr vornehme, tolle Miss, die ihn immer mit ihren langen Handschuhen klappste, ...

RANKE *wieder ihre grauen Schleier auseinander breitend.* Bin ich nicht entzückend? ... Ja ja ... worin Vater voriges Jahr die tolle Miss Ellinor viele Male gemalt hat ... immer so als orientalische Königin ...

DIENER HUNGER. Hahahaha ... diese vornehme tolle Miss, die immer mit den Füchsen gefahren kam ... mit dem kleinen Kerl hinten, den sie Krum nannte ... und die den Meister gar nicht aus dem Garne liess ... Himmlischer Vater ... wenn der Meister **die** hier wittert ...!

RANKE *leidenschaftlich in die Säle beobachtend.* Wo ist Kropatkin? ... ich muss es sehen, wenn die Männer toll werden ... da ... der mit dem purpurnen Ordensband ... wie sie alle dumm einherstolzieren, diese Herren Ritter ... und Narren ... und die losen Damen erst ... ha ha ha ha ... und denken nur alles immer in die Luft, was sie sind ... das ist Meister Rauch ... oh, ich erkenne sie alle ... das ist Frau Kropatkin, die ein bissel watschelt, wie ein Enterich, und die Brust so rausreckt ... und Papa näselt immerfort wie ein Schwermütiger ... das Lied geht mir schon im Blute um und macht mich bald ganz traurig.

Sie springt unversehens wieder die Treppe hinauf.
Ein grösserer Schwarm hat sich der Tür genähert. Drei weibliche Masken haben sich daraus gelöst, die offenbar in Erregung ins Atelier herein eilen.

DIE DAME MIT DIADEM *die ihren Königsmantel und ihre Schleppe sehr achtlos nachzerrt.* Ach ... Quatsch ... ich kenne doch Tibaldi ... er ist wieder in seiner verrückten Laune ... jedesmal, wenn ich ihm in den Weg komme, biegt er ab ...

DIE MASKE IN TRIKOT *als kleiner Beelzebub.* Tibaldi hat uns noch nicht gesehen ... er hat uns sicher noch nicht erkannt ... wir wollen ihm einmal gerade in den Weg treten.

DIE DAME MIT DIADEM *äugt gespannt auf den Schwarm, indem sie die beiden andern Masken festhält.* Ach, du hast Ahnung ... was der für Augen hat, wenn er sehen will ... da ... kannst du dir so etwas Freches denken? ...

DER BERGAMASKE *dem Schwarm jetzt voran, hat sich, sobald er die drei Masken gesehen hatte, sofort wieder zurückgewendet.*
DIE DAME MIT DIADEM.
Diese Kanaille …

Sie ruft hinter ihm drein.

Tibaldi … Tibaldi …
sieht uns … glotzt mich an mit Feuerblicken …

Sie folgen dem Schwarm.

EINE HERRENMASKE *als purpurner Teufel mit Reiherfeder ruft hinter drein.* Das verfluchte Lied … wenn er doch endlich aufhörte dieses Lied zu winseln … mir ist schon rein, als wenn es mir aufstiesse, wie eine süsse Speise … dieser ewige Klang in Moll … die Glieder zittern einem heimlich davon …

Unterdessen ist ein Don Quixote vor sich hin meditierend einsam herein gekommen. Er steht einen Augenblick und starrt vor sich hin. Dann blickt er sich plötzlich verstohlen nach der oberen Treppe um, umgeht die Treppe und Bucht mit den Augen wie absichtslos herum. Eine Gruppe unmaskierter Herren stürmt herein.

EINER DARAUS. Wo sind denn die Diener mit dem Sekt?
EIN ANDERER. Ich bin verdurstet wie ein gejagtes Tier …

Diener, die in den tieferen Räumen servierten und herum standen, bieten Champagner an.

EIN ANDERER. Wir müssen uns stärken … um anzubeten …
EIN ANDERER. Wird denn nicht die Komödie im heiligen Hain bald beginnen?
EIN ANDERER. Ich bin nur neugierig, was sich für eine Göttin auf den Altar wagen wird.
DON QUIXOTE *während sich alle wieder aus dem Atelier entfernen.* Keine Spröde!

Das Atelier ist wieder leer.
Ranke ist plötzlich die Treppe herabgeeilt. Hunger will sie zurückhalten.

RANKE *leidenschaftlich in das Fest beobachtend.* Oh ... es zieht mich wahnsinnig ... es zieht mich wahnsinnig ... da ... und wird so körperlich alles ... dieser Lärm ... dieses Geflirr ... dieses Schluchzen ... dieses Durcheinander ... diese Grimassen in allen Gesichtern ... ich habe Duft in meine Kleider gegossen ... ich werde auf einmal ganz taumelig ...

Sie lacht leise vor sich hin.

Ach ... wenn ich auch nicht so schön bin, wie meine tote Mutter ...

Sie breitet langsam wie für sich wieder ihr Tuch wie Flügel aus.

Ich bin schön, wie Rahel ...

Sie nimmt ihr Tuch zusammen. In sich.

Ich zittere an Händen und Füssen, ich kann sie gar nicht mehr stillehalten ... es ist so himmlisch kühl in diesen losen Gewanden ... huh ... ich **muss** hineinlaufen unter alle die Tollen ... halte mich doch nicht so fest an dem kostbaren Kleide ... du zerdrückst womöglich etwas, du Tollpatsch ... gerade werde ich laufen ... und wie eine Tigerin auf den Altar springen womöglich, während die andern es noch nicht wagen ... werde oben stehen ... und alle die Augen rings um mich werden im Glänze schwimmen ... berauscht sein ... mich demütig flehen ... mich demütig versuchen ... bis ich ganz langsam Schleier um Schleier fallen lasse ... einen um den andern ... ganz ganz langsam ... ganz feierlich ... ohne alle Hüllen emporsteige, nackt wie die Venus ... Meister Tibaldis schöne Tochter ... ah ...

Sie zuckt fast.

DIENER HUNGER *ranke zurückdrängend.* Um Gotteswillen, sie kommen wieder alle im Schwärme ... Der Meister mit der Laute vorneweg. Nur gehen Sie, Fräuleinchen, nur verstecken Sie sich, Fräuleinchen!

Ranke geht fast taumelnd bis zur Treppe zurück und schreitet dann wie eine Schlafwandlerin zaudernd mit rückgewandtem Gesicht Schritt um Schritt die Treppe empor. Unterdessen ist Don Quixote und bald dahinter ein Herr im orangenen Atlasfrack, mit schwarzer Atlasweste und Kniehosen, der statt Hut ein Tintenfass mit grossem Federkiel auf dem Kopfe trägt, vereinsamt hereingekommen. Beide durchschleichen wie Hyänen lauernd den Raum.

EINE HERRENMASKE *psalmodierend durch das Atelier wandelnd.*
»Der Morgen erwacht, der Abend verglüht,
wir jagen Falter und werden nicht müd.
EINE WEIBLICHE MASKE *drollig mit ihm.*
Nur freilich schlägt uns das Herzchen oft
heiss über dem Gürtel, und unverhofft
kribbeln und krabbeln Gelüste:
und es ist uns, als ob man uns küsste ...«
DER HERR IM ORANGENEN FRACK *während beide gelangweilt mit den Augen an den Wänden des Ateliers und nach der oberen Treppe herumsuchen zu Don Quixote.* Wen sucht Ihr zu verschlingen, Herr Ritter?
DON QUIXOTE. Und wen Ihr?
DER HERR IM ORANGENEN FRACK. Ich ...?
DON QUIXOTE. Ich ...?
DER HERR IM FRACK. Die Unschuld suche ich.
DON QUIXOTE. Die Unschuld suche ich.
DER HERR IM FRACK. Wie heisst die Unschuld heut?
DON QUIXOTE. Nennt rasch den Namen, denn morgen ist es aus damit.

Beide lachen ausgelassen.

DER HERR IM FRACK. Nur ernsthaft, Ritter ...
DON QUIXOTE. Ernsthaft ... ha ha ha!
DER HERR IM FRACK. Seid Ihr ein Ehrenmann?
DON QUIXOTE. Seid Ihr ein Ehrenmann?
DER HERR IM FRACK *lacht.*
DON QUIXOTE. Kropatkin ...
DER HERR IM FRACK *reicht ihm die Hand.* Freund ... ach, sie ist göttlich. sie ist kindlich ... sie ist schamlos ... und ist nicht hier!

Unterdessen hat sich die Lautenmusik wieder dem Atelier genaht.

DER BERGAMASKE *mit der Laute ist von Masken umkreist, neu herein gekommen. In seinem rechten Arme, lose eingehakt hängt jetzt die*

Dame mit Diadem, während links noch die trauernde Balletmaske eingehakt geht. Er singt melancholisch und sehnsüchtig, indem er wieder das Atelier um schreitet.
»Tout en chantant sur le mode mineur
L'amour vainqueur et la vie opportune,
Ils n'ont pas l'air de croire à leur bonheur
Et leur chanson se mèle au clair de lune.«

Er hat die ganze Schar, die ihn umtollte, auch die beiden Herrenmasken wieder mit sich hinausgezogen. Diogenes geht mit der Laterne hinterdrein, drollig den Damen nachleuchtend.
Ranke ist wieder von der Treppe oben niedergehastet. Da schleppt sich gerade die Zigeunerin müde und einsam ins Atelier herein. Ranke stutzt zurück, weil sie nicht mehr entfliehen kann. Aber die Zigeunerin geht an Ranke völlig achtlos vorüber und legt sich sofort auf das Sofa. Plötzlich erhebt sie sich wieder, reisst ihre Maske vom Gesicht und wirft sie widerwillig zur Erde.

Verfluchte heisse Maske ... macht mich rasend ...

Dann betrachtet sie die Rosen, die sie vorgesteckt hat, nimmt sie von der Brust und sagt drollig.

Vom Feuer meines Herzens welken alle Blumen ... da ... nimm die eine, die noch frisch ist ... schöne Frau ... weil du dich noch verhüllst!
RANKE *nimmt die Rose und küsst der Zigeunerin scheu und kindlich die Hand.*
DIE ZIGEUNERIN *streckt sich aufs Sofa, um zu schlafen. Eine Gruppe Herrenmasken stürmt herein, sodass Ranke von neuem die Treppe emporflieht.*
EINER DARAUS. Wo sind denn die Diener mit dem Sekt?
EIN ANDRER. Man krepiert rein in der Hitze ...

Diener bieten Champagner herum.

EIN ANDRER. Werden sie nicht endlich die Komödie beginnen?
EIN ANDRER. Die Komödie im heiligen Haine beginnt bald.
EIN ANDRER. Hat sich denn schon die Göttin gefunden?
EINE DAMENMASKE. Der Wein fährt einem in die Beine.

EINE ANDRE. Ich bin auch müde wie ein Hund ... Ich könnte mich gleich unter den Tisch verkriechen ...
EINE HERRENMASKE. Tue es nicht ... vielleicht liegt schon ein andrer, drunten.
DIE VORIGE DAME *lacht.* Da sind wir zwei ...
EINE ANDRE. Pfui, pfui, Zypresse!
DIE VORIGE DAME. Wer zweifelt hier an meiner Reinheit?
EINE HERRENMASKE. Ich zweifle an allem.

In der Tiefe der Räume merkt man ein Zuströmen zu dem heiligen Haine hin. Der Lärm nimmt von diesem unsichtbaren Saale aus immer mehr zu. Indess jetzt ein lustiger Flötenspieler mit einer lieblichen Hirtenweise die noch versprengten Masken vollends hinter sich drein sammelt und nach sich zieht.
Eine weibliche Maske schleppt sich müde herein und legt sich auf einen Fauteuil im Atelier zum Schlaf.

ANDERE *die hinter dem Flötenspieler herziehen.* Er sammelt die Beter.
EINE ANDRE. Er lockt zum Altar der Kunst.
EINE *ruft.* Wer wird denn die Göttin sein?
EIN ANDRER. Wir müssen sehen, ob es sich lohnt, anzubeten ...
EIN DRITTER. Der Sockel steht noch leer ...
EINE ANDRE. Er wird nicht mehr lange leerstehen ...
EIN DRITTER. Tausend für eine ...
EIN ANDRER. Die Weiber sinnen heimlich in sich, kämpfen mit sich und zaudern noch.

Die Räume sind jetzt ganz leer geworden. Auch Diener Hunger hat sich schliesslich dem Zuge neugierig nachgeschlichen. Nur die Zigeunerin schläft auf dem Sofa. Eine weibliche Maske schläft im Lehnstuhl.

DIE ZIGEUNERIN *ruft im Halbschlaf.* Tibaldi ... Tibaldi ... komm doch her, Tibaldi!
RANKE *ist plötzlich die Treppe herabgehastet. Sie fliegt durch die leeren Räume und verschwindet ebenfalls in der Tiefe.*
DIE ZIGEUNERIN *ruft im Halbschlaf.* Tibaldi ... Tibaldi ... komm doch her, Tibaldi!

Eine Pause. Man hört nur Lärm von dem tieferen Saale.

EINIGE MASKEN *erscheinen wieder.* Hast du den Meister Tibaldi gesehen ...?
EINE ANDRE. Habt ihr Meister Tibaldi gesehen?
ANDERE. Jetzt umtanzen sie die Göttin im Haine der, Büsser.
ANDERE. Eine sonderbare Heilige! Sie ist noch ganz in graue Schleier eingehüllt.
ANDERE *durcheinander.* Sie sprang auf den Marmorsockel ... sicher wie eine Gemse ... wo selbst noch Kropatkins Weib in nagendem Ehrgeiz zögerte. So muss es sein!
ALLE *lachen toll. Man ruft durcheinander.* Habt ihr's gesehen? ... Kropatkins Weib reisst sich die Maske vom Gesicht ... auch andere Weiber schäumen vor Wut.
ANDERE. Die alten und jungen Narren beginnen zu wallfahrten ...
ANDERE WEIBLICHE MASKE. Habt ihr Meister Tibaldi gesehen? Er steht erstarrt und berauscht unter dem verhüllten Götzenbilde und rührt keine Saite mehr.
EINE ANDRE. Ich glaube, er zittert ...
EIN ANDRER. Meister Tibaldi steht berauscht ... und zittert vor Erwartung ...
EINE ANDRE. Göttin ... enthülle dich!
ANDERE. Sie spielen dazu den Pilgerchor ... hört nur!

Die Räume sind wieder ganz leer geworden.

DON QUIXOTE *schreitet allein einsam suchend aus der Tiefe ins Atelier.* Oh diese Anbeter! ... die noch Wahn haben! ... die noch von dem Geheimnis sich narren lassen! ... die noch Genuss suchen! ... Ich suche die Dämmerung ... ich trage den schwelenden Brand ... ich liebe die Verachtung ... ich liebe den Hass ...

In dem Augenblick, wo er die schlafende Zigeunerin gesehen hat, schleicht er nahe.

Da ... Ruth! ...

Dann ruft er leise.

Weib ... du machst mich rasend in diesem Kostüm ... ich verzehre mich nach dir ... Oh, wenn ich jetzt ein Gott wäre ... wenn ich jetzt das ganze, übrige Gesindel von dieser Erde wegfegen könnte ... Einen

Donnerschlag in diesen Taumel, der die Musik verstummen machte ... ich möchte noch einmal wieder ...
DIE ZIGEUNERIN. Was? ... Phantast ... du möchtest immer, was du nicht besitzt ... Komm mir nicht nahe ... bleibe fern ... Auch ich möchte zwischen grünen, schaukelnden Ähren liegen ... wenn die Sommerstille aus den Hummeln summt ... Dämon du ... und Narr ... begnüg dich ... es ist Winter draussen ... der Märzwind rüttelt an der Balkontür ... hörst du ... du musst dir schon die Zeit vertreiben, wie du bist ... in deine Narrenhülle eingenäht.
DON QUIXOTE. Erkennt Ihr mich denn, schöne Ruth?
DIE ZIGEUNERIN. Ach, was heisst kennen ... Ich kenn dich nicht ... will dich nicht kennen ... und du ... du kennst mich nicht ... nun gut ...
DON QUIXOTE. Das klingt ja grossartig ...
DIE ZIGEUNERIN. Und ist doch klein, wie alles ... heb dich fort ... Ich bin nicht dein Modell ... dem du befiehlst ...
DON QUIXOTE *roh*. Ach ... du bist nicht um ein Haar besser, als jedes andere Weib.
DIE ZIGEUNERIN *indem sie sich wieder umlegt*. Satanas!
DON QUIXOTE. Dein bisschen Tun ...

Er lacht höhnisch.

Dein bisschen Musik machen vor der Menge Ohren ... dein bisschen Virtuosentum mit den Lilienfingern ... das ist alles doch nur Sand in die Augen der Menge ... raffiniertes Versteckenspielen ... eine Glanzkomödie der Seele, wie der Pfau sein Rad schlägt alle sind ....
Du bist doch, wie sie
DIE ZIGEUNERIN *gespannt*. Was bin ich ....? ... bitte!

Es ist eine tiefe Stille plötzlich eingetreten. Man hört nur noch ein rhythmisches, dumpfes Schreiten aus den tieferen Räumen. Es drängen gleich danach wieder einige Masken hervor.

EINE FRAUENMASKE. Habt ihr Meister Tibaldi gesehen?
EINE HERRENMASKE. Es ist jetzt alles stumm geworden ...
EINE ANDERE HERRENMASKE. Jetzt enthüllt sich die Göttin ... hört nur, wie sie stumm werden.
EIN ANDRER. Und Meister Tibaldi steht erstarrt davor und weint ...

Diogenes kommt mit seiner Laterne herein.

DON QUIXOTE *ruft in prahlerischer Laune.* Weib bist du ... von feiner Haut umschalt ... ein schöner Käfig, worin der grosse Lockvogel ... der süsse Weltbetrug gefangen sitzt ... verliebt bist du ... sonst nichts ... und bist rein gar nichts, wenn dich der Mann nicht zur Geliebten macht ... in diesem Fasching ...

Die Räume füllen sich jetzt von neuem. Diener präsentieren Sekt.

DIOGENES *kommt immer näher.* Jetzt könnte man weiss Gott viele abgelegte Herrlichkeiten zusammenkehren, wie die Mandelschalen von einem Festtische. Jetzt knackt man die Mandeln ... und sieht den Kern ... huh, huh, das ist ja die Tollheit in der Welt, dass alles nur halb ist ... den Armen hungert nach Gelde ... den Keuschen nach Verführung ... aber jetzt kann man überhaupt gar nicht mehr unterscheiden, was oben oder unten ist ...

HERRENMASKEN *kommen.* Wer ist denn nur dieses orientalische Weib?

ANDERE. Ich könnte ein Königreich wegwerfen ... ein Vermögen verschwenden ... um diese orientalische Göttin.

ANDERE *rufen.* Wer ist denn nur dieses orientalische Weib? ... Schockschwerenot ... wer ist denn nur dieses orientalische Weib?

Es ist ein lautes Durcheinander im Atelier. Der Pilgerchor ist hörbar.

DER BERGAMASKE *demaskiert als Tibaldi erscheint mit Anderen in leidenschaftlicher Erregung.* Himmel ... habe ich denn eine Vision? ... Haltet mich an den Händen! ... Packt mich fest an! ... Erschüttert mich denn der Wahnsinn? Ist das Ellinor? Wo kommt Ellinor her? Bin ich in paradiesischem Taumel? Bin ich! irre vor Seligkeit? ... Macht es mir Grimassen vor? ... Was denn nur ... bei allen Göttern? ... Wer denn? ... Ellinor ... Ellinor ...

Er stürmt mit anderen wieder in die Tiefe.

EINIGE *rufen durcheinander.* Prosit!

EINER. Auf was?

EIN ANDRER. Auf ...

EINE WEIBLICHE MASKE. Ach, schweigt still! Es sind doch nur Halbheiten, die die Männer reden.

EINE ANDRE. Schweigen gilt heut als geistreich ... und auch als vornehm ... es erweckt den süssen Schein des grossen Sehers und steckt doch meist ein behaglicher Wiederkäuer dahinter, der sich nur im Augenblicke nicht recht Rat weiss.
EINE WEIBLICHE MASKE *kommt aus der Tiefe gestürmt.* Bringt doch nur das Kind fort ... bringt doch nur das Mädchen fort ...
STIMMEN *und Sektgläser klingen durcheinander.* Die Kunst ... die Kunst ...
ANDERE *kommen.* Wer ist denn nur dieses Mädchen, das sich so feierlich gebärdet?
ANDERE *rufen.* Es ist Meister Tibaldis Tochter.
EINE HERRENMASKE *die mit dem Glase dazu tritt.* Hat niemand einen Spruch?
EINER *ruft.* Hat niemand einen Gott?
EINE WEIBLICHE MASKE. Plappert doch nach, was sie alle reden, wenn sie sich öffentlich gross tun.
DIE MASKEN *im Vorderraum durcheinander.* Das Vaterland ... die Liebe ... die Kunst ...
DON QUIXOTE. Die Kunst ... die Kunst ... es lebe die Kunst ...
EINE ANDERE FRAUENMASKE. Ach, ihr seid langweilig.
ANDERE. Wenn Meister Tibaldi sie erkennt, erdrosselt er sie.
ANDERE. Habt ihr Meister Tibaldi jetzt gesehen?
ANDERE. Meister Tibaldi starrt wie ein Wahnsinniger auf das junge Weib, das wie eine Königin aufragt.

Man hört neuen Lärm und Jauchzen. Man hört.

STIMMEN *durcheinander schreien.* Kropatkin ... pfui ... Kropatkin ... du wirst es nicht wagen ...
ANDERE. Er will ihr die letzten Schleier vom Leibe reissen.
ANDERE. Wie sie kühn abspringt ...

Andere lachen.

ANDERE *rufen.* Wie dieses Frauenzimmer kämpfen kann ...
ANDERE. Wer ist es denn nur?
EINE FRAUENMASKE. Bringt doch nur das Kind fort!
EINE ANDRE. Es ist Meister Tibaldis Tochter.

Im nächsten Augenblick stürmt eilig fliegend Ranke herein. Meister Kropatkin hinter ihr drein. Taumelnd dahinter Meister Tibaldi.

MEISTER KROPATKIN *ruft.* Weib oder Unschuld ... ich muss dich erkennen ...

Meister Tibaldi ist plötzlich in der halben Tiefe erstarrt stehen geblieben.
Ranke und Kropatkin jagen einander. Ranke eilt wieder in die Tiefe. Als Kropatkin bei Tibaldi vorüber jagt, fällt ihm Tibaldi an die Gurgel.

MEISTER TIBALDI. Kropatkin ... Freund ... um alle Seligkeiten ... Himmels und der Erde ...

Er stösst Kropatkin gewaltsam von sich und eilt Ranke nach.

Ellinor!
EINIGE RUFE. Wenn Meister Tibaldi sie erkennt, erdrosselt er sie.

Ranke erscheint wieder von Meister Tibaldi gejagt.

MEISTER TIBALDI. Ellinor ... o Ellinor ...

Er hat sie endlich ergriffen und hält sie fest.

Um jeden Preis ... wer bist du ... Ellinor ...

Tibaldi kommt ein heimliches Grauen an. Er hat Ranke erkannt. Er lässt sie langsam abwehrend entwischen. Er ist wie nicht bei sich. Blickt sich scheu und voll Scham nach allen Seiten um, indessen Ranke wieder in die tieferen Räume flieht. Alles strömt ihr nach. Es wird ganz leer um Meister Tibaldi. Meister Tibaldi ist auch wieder noch ein paar Schritte wie sinnverwirrt mitgelaufen.

DIE SCHLAFENDE ZIGEUNERIN. Tibaldi ... Tibaldi ... komm doch her ... Tibaldi!
MEISTER TIBALDI *tastet sinnverwirrt nach seiner Laute und singt und spielt schrill und zerhackt.*
»Au calme clair de lune triste et beau
Qui fait rever les oiseaux dans les arbres
Et sangloter d'extase les jets d'eau,
Lesgrands jets d'eau sveltes parmi les marbres.«

Er ist bei der vorletzten Zeile langsam zurückgekommen. Er steht jetzt ganz einsam im Atelier.

DIE IM LEHNSTUHL SCHLAFENDE MASKE *ruft ebenfalls.* Tibaldi … Tibaldi … komm doch her … Tibaldi!

In der Tiefe ungesehen ist von neuem lautes Jauchzen und Getümmel ausgebrochen. Man hört neu die Klänge des Pilgerchores.
Meister Tibaldi greift plötzlich seine Laute am Griff und zerschlägt sie an der Wand. Dann starrt er vor sich hin und legt langsam die Hand vor die Augen.

DIE SCHLAFENDE ZIGEUNERIN *ruft.* Tibaldi … Tibaldi … komm doch her … Tibaldi!

Der Vorhang fällt.

Biographie

1858   *11. Mai:* Carl Ferdinand Max Hauptmann wird in Ober-Salzbrunn (Schlesien) geboren. Der ältere Bruder von Gerhard Hauptmann ist als Kind schwach und häufig krank. Bis zu seinem dreizehnten Lebensjahr verweilt er im Elternhaus.

1872–1883   Hauptmann besucht die Realschule in Breslau. Anschließend beginnt er ein Studium der Philosophie, Physiologie und Biologie in Jena. In dieser Zeit verfasst er die Erzählung »Sonnenwanderer«.

1883   Er promoviert Er promoviert zu dem Thema »Die Bedeutung der Keimblättertheorie für die Individualitätslehre und den Generationenwechsel« zum Dr. phil.

1884   Durch seine Heirat mit Martha Thienemann wird Carl finanziell unabhängig und setzt das Studium in Zürich fort, wo er Frank Wedekind kennen lernt.

1889   Mit der Übersiedlung nach Berlin verzichtet er auf eine wissenschaftliche Karriere in Zürich.

1891   Zusammen mit seinem Bruder lässt er sich in einem gemeinsam erworbenen Haus in Schreiberhau nieder.

1893   Er schreibt die »Metaphysik in der modernen Physiologie«; im folgenden Jahr das Drama »Marianne«.

1896   Es entsteht das dramatische Spiel »Waldleute«.

1899   Hauptmann verfasst sein nächstes Drama: »Ephraims Breite«.

1902   Dem Roman »Mathilde. Zeichnungen aus dem Leben einer armen Frau« folgen »Die Bergschmiede« und ein Jahr später »Des Königs Harfe«.

1905   Entstehung des Dramas »Austreibung«.

1907   »Einhart, der Lächler« ist ein Roman in zwei Bänden. In den kommenden Jahren werden die Dramen »Panspiele« (vier Einakter) und »Napoleon Bonaparte« verfasst.

1908   In zweiter Ehe heiratet Hauptmann die Malerin Maria Rohne. Mit ihr bekommt er Tochter Monona.

1909   Hauptmann unternimmt eine Vortragsreise nach Amerika.

1912   Hauptmann schreibt die Novellen »Nächte«.

1913	Den Erzählungen »Schicksale« folgen die Dramen »Die lange Jule« und »Krieg. Ein Tedeum«.
1916–1918	Arbeit an der Dramen-Trilogie »Die goldnen Straßen«.
1919	Hauptmann verfasst das »Rübezahlbuch« und das dramatische Spiel »Der abtrünnige Zar«.
1920	Ein Jahr vor seinem Tod werden die Erzählungen »Drei Frauen« geschrieben.
1921	*4. Februar:* Carl Hauptmann stirbt in Schreiberhau (Riesengebirge).

Dekadente Erzählungen

Im kulturellen Verfall des Fin de siècle wendet sich die Dekadenz ab von der Natur und dem realen Leben, hin zu raffinierten ästhetischen Empfindungen zwischen ausschweifender Lebenslust und fatalem Überdruss. Gegen Moral und Bürgertum frönt sie mit überfeinen Sinnen einem subtilen Schönheitskult, der die Kunst nichts anderem als ihr selbst verpflichtet sieht.

Rainer Maria Rilke Die Aufzeichnungen des Malte Laurids Brigge **Joris-Karl Huysmans** Gegen den Strich **Hermann Bahr** Die gute Schule **Hugo von Hofmannsthal** Das Märchen der 672. Nacht **Rainer Maria Rilke** Die Weise von Liebe und Tod des Cornets Christoph Rilke

ISBN 978-3-8430-1881-4, 412 Seiten, 29,80 €

Erzählungen aus dem Sturm und Drang

Zwischen 1765 und 1785 geht ein Ruck durch die deutsche Literatur. Sehr junge Autoren lehnen sich auf gegen den belehrenden Charakter der - die damalige Geisteskultur beherrschenden - Aufklärung. Mit Fantasie und Gemütskraft stürmen und drängen sie gegen die Moralvorstellungen des Feudalsystems, setzen Gefühl vor Verstand und fordern die Selbstständigkeit des Originalgenies.

Jakob Michael Reinhold Lenz Zerbin oder Die neuere Philosophie **Johann Karl Wezel** Silvans Bibliothek oder die gelehrten Abenteuer **Karl Philipp Moritz** Andreas Hartknopf. Eine Allegorie **Friedrich Schiller** Der Geisterseher **Johann Wolfgang Goethe** Die Leiden des jungen Werther **Friedrich Maximilian Klinger** Fausts Leben, Taten und Höllenfahrt

ISBN 978-3-8430-1882-1, 476 Seiten, 29,80 €

Erzählungen aus dem Sturm und Drang II

Johann Karl Wezel Kakerlak oder die Geschichte eines Rosenkreuzers **Gottfried August Bürger** Münchhausen **Friedrich Schiller** Der Verbrecher aus verlorener Ehre **Karl Philipp Moritz** Andreas Hartknopfs Predigerjahre **Jakob Michael Reinhold Lenz** Der Waldbruder **Friedrich Maximilian Klinger** Geschichte eines Teutschen der neusten Zeit

ISBN 978-3-8430-1883-8, 436 Seiten, 29,80 €

Erzählungen der Frühromantik

1799 schreibt Novalis seinen Heinrich von Ofterdingen und schafft mit der blauen Blume, nach der der Jüngling sich sehnt, das Symbol einer der wirkungsmächtigsten Epochen unseres Kulturkreises. Ricarda Huch wird dazu viel später bemerken: »Die blaue Blume ist aber das, was jeder sucht, ohne es selbst zu wissen, nenne man es nun Gott, Ewigkeit oder Liebe.«

Tieck Peter Lebrecht **Günderrode** Geschichte eines Braminen **Novalis** Heinrich von Ofterdingen **Schlegel** Lucinde **Jean Paul** Des Luftschiffers Giannozzo Seebuch **Novalis** Die Lehrlinge zu Sais
ISBN 978-3-8430-1878-4, 416 Seiten, 29,80 €

Erzählungen der Hochromantik

Zwischen 1804 und 1815 ist Heidelberg das intellektuelle Zentrum einer Bewegung, die sich von dort aus in der Welt verbreitet. Individuelles Erleben von Idylle und Harmonie, die Innerlichkeit der Seele sind die zentralen Themen der Hochromantik als Gegenbewegung zur von der Antike inspirierten Klassik und der vernunftgetriebenen Aufklärung.

Chamisso Adelberts Fabel **Jean Paul** Des Feldpredigers Schmelzle Reise nach Flätz **Brentano** Aus der Chronika eines fahrenden Schülers **Motte Fouqué** Undine **Arnim** Isabella von Ägypten **Chamisso** Peter Schlemihls wundersame Geschichte **Hoffmann** Der Sandmann **Hoffmann** Der goldne Topf
ISBN 978-3-8430-1879-1, 408 Seiten, 29,80 €

Erzählungen der Spätromantik

Im nach dem Wiener Kongress neugeordneten Europa entsteht seit 1815 große Literatur der Sehnsucht und der Melancholie. Die Schattenseiten der menschlichen Seele, Leidenschaft und die Hinwendung zum Religiösen sind die Themen der Spätromantik.

Brentano Die drei Nüsse **Brentano** Geschichte vom braven Kasperl und dem schönen Annerl **Hoffmann** Das steinerne Herz **Eichendorff** Das Marmorbild **Arnim** Die Majoratsherren **Hoffmann** Das Fräulein von Scuderi **Tieck** Die Gemälde **Hauff** Phantasien im Bremer Ratskeller **Hauff** Jud Süss **Eichendorff** Viel Lärmen um Nichts **Eichendorff** Die Glücksritter
ISBN 978-3-8430-1880-7, 440 Seiten, 29,80 €

Erzählungen aus dem Biedermeier

Biedermeier - das klingt in heutigen Ohren nach langweiligem Spießertum, nach geschmacklosen rosa Teetässchen in Wohnzimmern, die aussehen wie Puppenstuben und in denen es irgendwie nach »Omma« riecht.

Zu Recht. Aber nicht nur.

Biedermeier ist auch die Zeit einer zarten Literatur der Flucht ins Idyll, des Rückzuges ins private Glück und der Tugenden. Die Menschen im Europa nach Napoleon hatten die Nase voll von großen neuen Ideen, das aufstrebende Bürgertum forderte und entwickelte eine eigene Kunst und Kultur für sich, die unabhängig von feudaler Großmannssucht bestehen sollte.

Georg Büchner Lenz **Karl Gutzkow** Wally, die Zweiflerin **Annette von Droste-Hülshoff** Die Judenbuche **Friedrich Hebbel** Matteo **Jeremias Gotthelf** Elsi, die seltsame Magd **Georg Weerth** Fragment eines Romans **Franz Grillparzer** Der arme Spielmann **Eduard Mörike** Mozart auf der Reise nach Prag **Berthold Auerbach** Der Viereckig oder die amerikanische Kiste

ISBN 978-3-8430-1884-5, 444 Seiten, 29,80 €

Erzählungen aus dem Biedermeier II

Annette von Droste-Hülshoff Ledwina **Franz Grillparzer** Das Kloster bei Sendomir **Friedrich Hebbel** Schnock **Eduard Mörike** Der Schatz **Georg Weerth** Leben und Taten des berühmten Ritters Schnapphahnski **Jeremias Gotthelf** Das Erdbeerimareili **Berthold Auerbach** Lucifer

ISBN 978-3-8430-1885-2, 440 Seiten, 29,80 €

Erzählungen aus dem Biedermeier III

Eduard Mörike Lucie Gelmeroth **Annette von Droste-Hülshoff** Westfälische Schilderungen **Annette von Droste-Hülshoff** Bei uns zulande auf dem Lande **Berthold Auerbach** Brosi und Moni **Jeremias Gotthelf** Die schwarze Spinne **Friedrich Hebbel** Anna **Friedrich Hebbel** Die Kuh **Jeremias Gotthelf** Barthli der Korber **Berthold Auerbach** Barfüßele

ISBN 978-3-8430-1886-9, 452 Seiten, 29,80 €